NLP
心理溝通術

激發自我
完美溝通
成就未來

手にとるようにNLPがわかる本

加藤聖龍

楊明綺・譯

推薦序

我和聖龍先生雖然說的是不同語言，但打從初次見面就有種老朋友般的熟稔感。

他是位充滿創意，非常有趣的人。有著十足的幽默感，擁有獨特又富有彈性的靈魂，總能以不同的方法與角度觀察事物，就算面對再複雜的問題，也能找出最簡單的解決方法。

本書對於想學習NLP，力求精進的人而言，絕對是不可或缺的一本書。閱讀本書並親身實踐的話，相信你的人生一定會有著連自己也想像不到的豐富收穫。

我與NLP的創始者之一理查・班德勒博士（Richard・Bandler）一起寫了本關於NLP的著作《Conversations》（Mysterious Pub.），也拜讀過許多關於NLP的著作。從理查博士身上不斷學習到使用NLP能夠更純粹簡單地看待事物。

你手上的這本書，就是秉持這原則創作的。不但教你用更簡單的方法學習事物，也教你許多好用的工具，善用NLP的技巧，將達到立即見效的成果。

其實能夠傳達NLP真正意涵的著作並不多。

聖龍先生以他的熱情誠摯，以及他那無庸置疑的實力與知識，完成這本著作。他對推廣NLP有著絕對的貢獻，能和聖龍先生共事是無上的光榮。

想要瞭解NLP，本書絕對是最好的選擇之一。

美國NLP協會認定高階執行師　歐文・佛茲派翠克（Owen Fitzpatrick）

二〇〇九年六月

NLP在日本的推廣現況

NLP是於一九九〇年代傳至日本，目前正以驚人的速度迅速地推廣至日本和世界各地。隨著科技發達與知識的躍進，NLP不但顛覆了「這種事不可能成功」的一般認知，令人欣喜的是，確實有很多實例可應證NLP的魅力。

與其探究還未發生的事，不如著眼已經發生的事，以及各種奇蹟的成功實例，便能發現我們人類其實有著許多無可計量的可能性與能力。NLP的技巧就是讓一個人的可能性發揮到極致，能夠更順利地朝自己所期望的方向邁進。

用NLP的思考方式來看，現今時代無疑是最能提升自我的大好時機。

重新審視自己的生活態度，學習新的人生觀與生活方式，便能增加與來自不同國家和背景的人接觸交流的機會。意即學習最好的溝通方式，便能替自己創造更多機會。

我認為許許多多的問題，絕大多數都是因為溝通不足，對自己缺乏自信而產生的。

一如NLP的創始人之一，理查・班德勒博士所言，只要掙脫束縛自我的程式，便能抱持以愛為本的生活哲學。我相信只要每個人都能發現自己的潛力，有著明確的目標，活出真正的自我，彼此互相幫助，便能打造和平幸福的世界。

班德勒博士曾說：「汲取每個人最好的部分，加以整合，成為值得學習的經驗，彼此分享。這就是NLP的宗旨與目標。」衷心期盼大家能夠瞭解NLP的真正意涵。

美國NLP協會日本事務局代表　白石由利奈

前言——無法發揮效用，那就一點意義也沒有了！

常聽到有人說：「ＮＬＰ不是很難懂嗎？」

ＮＬＰ是一門溝通技巧，對於職場和專業心理治療方面而言，是項非常好用的工具。所以不是那麼簡單就能學會、運用的，不是嗎？

其實不然，真的非常簡單。

之所以會有這樣錯誤的認知，是因為有太多人把ＮＬＰ形容成藏在迷宮中的武林祕笈般艱澀難懂。

在ＮＬＰ中，最重要的東西是什麼？

是理論？技巧？還是愛？

這些都是正確答案，卻也都不是正確答案。

在ＮＬＰ中，最重要的是能不能發揮效用。

這本書以最純粹的方式集結了ＮＬＰ的所有精髓，盡可能地以最簡單易懂的說明來表現。雖然有些字眼可能是你從未看過的，但完全不必拘泥於此。

閱讀本書能讓你逐漸瞭解何謂ＮＬＰ，發現新的自我，拓展自己的潛能與價值觀，更瞭解別人的想法，促進人際關係變得更圓融，才能活得有意義，活出自己想要的人生。

閱讀完本書，也許你希望自己能夠更靈活地使用ＮＬＰ享受人生，更瞭解一切事物的道理也說不定。

誠心建議你不妨參加相關的課程和研習活動，體驗一下。保證能讓你看見迅速蛻變得更美好的自己。

感謝替本書寫推薦序的頂尖ＮＬＰ高階執行師歐文先生，從沒遇過像他如此開朗又熱情的愛爾蘭人。致力於將ＮＬＰ推廣於世界各地的他，令人打從心底欽佩不已。

也謝謝能幹又溫柔的梶原麻衣子小姐，真的非常感謝。

還有教導我認識ＮＬＰ世界的恩師，也是我的好友白石由利奈小姐，由衷地感謝。身為美國ＮＬＰ協會日本事務局代表的她，給予我許多寶貴的建議。臉上總是掛著笑容的她，真的是位非常棒的前輩。

還要感謝所有和我的人生有所交集的人，以及閱讀本書的你，真的非常感謝。祝福你永遠幸福，活出真正的自我，也衷心期待有一天能與你見面。

美國ＮＬＰ協會認定執行師　**加藤聖龍**

二〇〇九年六月

目次

PART 2 真的有超完美溝通方式嗎!?

PART 3 如何增進彼此的關係

PART 4 瞭解一些溝通上的習慣

PART 5 你也可以成為溝通高手！

PART 6 誘發對方能力與本質的溝通術

何謂 NLP？

NLP 的起源？

基本的思考模式？

本章為您詳述以實踐溝通心理學聞名的「NLP」。

Part 1

何謂 NLP？

何謂 NLP？

NLP 是讓你「享受快活人生的心理學」

NLP 是讓人生增添色彩的「糖果罐」

你是否也有感到氣餒不安的時候呢？像是「面對一堆非得完成的作業，卻怎麼樣也提不起勁」、「因為個人疏失，得向客戶賠罪才行」、「很擔心明天的企劃報告能否順利」等。

或一直為過往的事所羈絆，對未來感到迷惘不安，擔心自己是否能照著自己所期望的人生走下去。

這時不妨塞顆「配合情感與行動，有著各種顏色的糖果」，讓心情變好吧。

NLP 就好比是個盛滿這樣糖果的糖果罐。

不只用於解決個人煩惱、職場方面和心理治療等範疇，面對人生的成功幸福與否，這樣重大的目標，也是將你引導至更好的方向與結果的指南針。當然，掌握人生之舵的人非自己莫屬。

NLP 是以「心理學」與「語言學」為基礎，解放心靈，讓人生更美好的工具，也是一種系統化的「實踐溝通心理學」。

NLP是「統整五感與語言的程式」

NLP是取Neuro-Linguistic Programming第一個字母的簡稱，稱為「神經語言程式學」。

N就是「Neuro」，大腦的運作，意即我們如何用「**五感**」（視覺、聽覺、身體感覺、嗅覺和味覺）感覺、思考的意思。

L是「Linguistic」，也就是「**語言**」。除了我們平常所說的「話」，也包括「非語言」。所謂非語言是指「表情」、「動作」「姿勢」、「呼吸」和「音調」等，不是以語言表現的情報。

P的意思是「Programming」。意指存在於每個人腦子裡的行動與情感，也就是所謂的記憶。

NLP就是「**根據五感與語言的體驗，建立程式，決定行動**」，著眼於從原因（原本的體驗）演變成結果（目前狀況）的過程。

而且因為NLP的程式可以隨意改寫替換，所以能引導出更理想的結果，也能激發自我潛能。

NLP有許多思考模式和技巧，不過最基本的還是**「找出一種能讓自己幸福、成為成功人士的必備技巧」**。

NLP 的源起

由心理治療大師所研究出來的溝通工具

來自三位心理治療大師的心血

NLP起源於一九七〇年代中期的美國。加州大學聖塔科斯分校語言學系副教授約翰・葛瑞德（John Grinder），與同校研究心理學與數學的專家理查・班德勒（Richard Bandler）所共同研究出來的。這兩位創始者，堪稱NLP之父。

兩人當時對於發明完形療法的福律茲・培爾斯（Fritz Perls），主張家族療法的維吉尼亞・沙蒂雅（Virginia Satir），以及推行催眠療法的密爾頓・艾瑞克森（Milton Erickson），這三位大師級人物各自獨創的治療方式，十分感興趣。

於是班德勒與葛瑞德錄下大師們進行心理治療的過程，徹底觀察、分析他們的語言模式、姿勢、音調，以及病患的反應等。結果由三人截然不同的治療方式中，發現了一種對治療最有效的「共通類型」。

兩人著手研究、學習這個「共通類型」，找到能夠大幅縮短療程的方法。之後將此類型系統化，這就是NLP的源起。

首先用於治療罹患「PTSD」（創傷後壓力症候群）的越戰退伍軍人，沒想到不但大幅改善多年來困擾他們的「恐慌症」等症狀，也成功地將病情控制到某種程度。

從心理治療擴展至溝通領域

到了一九八〇年代，NLP從心理治療研究層面擴展至溝通領域，成為全方位溝通工具。

廣泛應用於醫療機構、激發個人在職場上的潛能、體能訓練，甚至教育界等。

日本是於一九九〇年後正式引入NLP，目前像是資格認證團體、諮商類團體、潛能開發中心等，都有開設NLP的相關講座。

三位大師級的心理治療師

福律茲・培爾斯（Fritz Perls）

【完形療法】

不讓自己被過去與未來束縛，一種以促進心理健康為目標的治療法。藉由表現「喜怒哀樂」，正視內心真正的自我。

維吉尼亞・沙蒂雅（Virginia Satir）

【家族療法】

家族中有人生病，不單是病患本身出了問題，其實也代表整個家族出了問題，所以要從中找出引發問題的根源。這是一種以治療心病不能只從病患本人下手，必須同步整合病患周遭的環境為出發點的治療法。

密爾頓・艾瑞克森（Milton Erickson）

【催眠療法】

一種藉由催眠方式將平常潛藏於內心深處，不會表現出來的情感逐步引導出來的治療法。藉此方式發現不一樣的自己，更瞭解自己。

NLP 三字之間的關係

使用「N」、「L」、「P」將事情語言化

將事情化為語言的機制

透過大腦的運作，我們才能自由地操控語言。

那麼大腦是經過什麼樣的過程，將事情化為語言，達到溝通的目的呢？可想而知，大部分的人「都不會意識到這種事」。

為什麼呢？因為我們的大腦是以全速自動在進行這段過程。也就是說，是在一種「無意識」狀態下進行的。

在無意識狀態下理解事情，化為語言表達出來。

請回答下面插圖畫的是什麼？

沒錯，答案是「貓熊」。

那麼為何你能迅速地回答「貓熊」呢？

試著探究這般過程吧。

這張插圖畫的是什麼？

將事情化為語言的過程

①首先看插圖。這裡使用的是五感中的「**視覺**（五感）＝〔N〕」。

②接著藉由體驗或經驗將一切化為**程式**（＝〔P〕），判斷出「貓熊」這個答案）。

③最後再化為**語言**（＝〔L〕）說出口。

我們就是像這樣**無意識地使用**「N（＝五感）」、「L＝（語言）」和「P（＝程式）」化為語言，理解事情。

藉由經驗建立程式

我們所擁有的程式又是如何建立出來的呢？

有些人因為小時候被狗咬過，所以長大後會下意識地「怕狗」，不敢接近狗。這種人便是因為過去的經驗，對狗建立「因為狗會咬人，所以不能接近」的程式。

雖然不是出於本能，但大腦會藉由學習，察覺危險，做出迴避的行為。譬如小嬰兒不怕利刃便是最好的證明。

狗也是，狗會藉由學習瞭解什麼叫危險（不管判斷是否正確），而建立程式。

因此**大腦會藉由五感**（視覺、聽覺、身體感覺、嗅覺和味覺），**學習經驗，建立程式**。

大腦的構造①

大腦無法區分「想像」與「現實」

大腦「老是誤會」

ＮＬＰ是利用大腦的本能系統，開發自我潛能，讓人生更美滿的一種技巧。所以先瞭解「大腦」的系統，才能更深入瞭解ＮＬＰ。

試著想像與喜歡的人坐在高檔餐廳裡，共進晚餐的情景。兩人含情脈脈地邊注視著彼此，邊享用美食。一想到這樣的畫面，就會不自覺地傻笑、流口水，是吧？

這是因為大腦「誤會」了。

其實我們的腦子**無法區分「現實」和「想像」**。

不管腦子裡描繪的是「想像」還是「現實」，都會使用同樣的神經回路進行處理，然後向各器官發號施令。

光是想像享用美食一事，便會分泌唾液；光是想著喜歡的人，就會露出恍惚的神情，這些都是因為大腦「誤會」所引起的。

對大腦而言，不管是想起某個體驗，還是想像某件事，都會和實際體驗過一樣運作。所以對大腦而言，想像和現實並沒有分別。

藉由「模擬未來」實現夢想

利用大腦的誤會系統，可以進行所謂的「模擬未來」。

那麼該如何做呢？很簡單，只要想像你所期望的未來即可。藉由大腦誤會系統的運作，能夠將期望的未來具體地輸入大腦。

好比你的目標是「有朝一日開間咖啡館」，不妨試著想像「店要開在哪裡、招牌怎麼設計、經營理念、整間店要給人什麼樣的感覺？工作人員親切的服務態度、客人歡愉的交談聲，還有自己抱持什麼樣的心情待客」等。

說得更具體一點，藉由這般自由想像，感覺似乎更接近夢想，更有衝勁是吧？這就是重點。

像這樣「無意識地」將想做的事在腦中具象化，便能鞭策自己努力實現目標。

大腦的構造
②

意識很難同時捕捉多樣訊息

意識無法一下子捕捉太多的情報

若有人問：「你現在看到什麼呢？」我們可以邊確認眼前看到的東西，邊回答。像這樣邊看、邊聽、邊感受，直接處理五感所得到的情報，就稱為「意識」。

譬如有人問你：「第三喜歡吃的食物是什麼？」，你會依序思考：「最喜歡吃的是燒肉，第二是生魚片，第三是……」，當你在思考怎麼回答這個問題時，是無法同時思考明天開會的事或是家裡的事。

這道理和正在看這本書的你，無法同時思考晚上要吃什麼的道理是一樣的。

「無意識」另當別論，但「意識」是無法一下子捕捉太多情報的。

這是因為我們利用「意識」捕捉事物，比較容易集中注意力，做出必要的行為。

因此要是不限制腦子一次捕捉的情報量，就會像舊電腦一樣容易當機。

所謂情人眼裡出西施的道理

不管周遭的人再多，眼裡只有自己鍾情的對象，滿腦子只想著對方，相信不少人都有這樣的體驗。

其實會有這樣的感覺，一點都不奇怪。眼裡只容得下「自己喜歡（意識到）的人」，是很理所當然的事。

意識只會在意自己所聚焦的事物

因為無法一下子捕捉太多情報，所以會聚焦於想捕捉的事物上。

應該說，**只會在意自己所聚焦的事物**。

當你專心工作時，根本不會在意一旁敲鍵盤的聲音，也不會在乎空調發出的噪音。

相反地，當你精神渙散，無法專心工作時，就很在意周遭的聲響。也就是說，之所以無法專心工作，是因為太在意鍵盤和空調的聲音。

大腦的構造③

大腦無法理解不做什麼事情

大腦無法理解「否定句」

以下是某企業講座的講師N博士，與一位進公司已經三年，卻老是改不掉遲到毛病的學員，年輕業務員L先生的對話。

N博士：「（講座課程結束後）因為你今天遲到，所以沒聽到前半段所講的如何提升業績的技巧，我現在跟你說明一下吧。首先，告訴你一個祕密數字。」

L先生：「真的嗎？謝謝。」

N博士：「這數字是137。記住囉！是137。」

L先生：「好的。那要怎麼活用這數字呢？」

N博士：「忘掉這數字。」

L先生：「什麼？忘掉？什麼意思？」

N博士：「總之忘掉就對了。絕對不能記住１３７這個數字哦！」

L先生：「可是博士一直反覆說這數字，反而加深印象。」

N博士：「很好，你注意到重點了。就算別人叫我們『不要～』，我們的大腦也無法理解。不管我有沒有叫你別記住這數字，你也已經牢牢地記住了。」

L先生：「還是不太懂您的意思？」

N博士：「你每天都會想『上班不能遲到』或是『得勤快點做事，才不會挨上司罵』是吧？」

L先生：「是的，的確如此。」

N博士：「這是因為你把焦點放在『～』的部分，而不是放在『不能～』的部分。今後不妨試著以肯定句來思考，譬如『準時上班』、『工作是為了滿足顧客的需求』。這麼一來，你的業績一定會提升。」

我們的大腦無法理解「否定句」，也許用無法想像來形容比較適合。就算叫你：「不要想像白色與粉紅色的貓熊」，大腦也會自動想像「白色與粉紅色的貓熊」，因此以「不能做○○」或是「ＸＸ不太好」來表現的話，大腦反而會記住○○和ＸＸ的部分。

因為ＮＬＰ是活用大腦最純粹的反應，**所以都是以肯定的語氣表現**。此外，也要注意大腦對負面語言會「無意識」地反應。

語言的力量

無意中說出口的「話」，其實蘊含著強大的力量

表達方式也能改變現實

我們平常無意中說出口的話，其實蘊含著力量。

舉例來說。拿著醫師什麼也沒說明的處方箋去領藥，和服用經過醫師仔細說明、交待用藥方法的藥，兩者的效果就有差。既然服用的都是同樣的藥，為何會出現這樣的差異呢？

這就是「語言的力量」。

一如前述，大腦無法一下子捕捉太多的情報，因此會特別意識對方說的話。然後經由「大腦的誤會」系統，擅自「模擬未來」，想像喝了藥之後，症狀就會舒緩。於是這反應擴及全身，更容易產生效果。

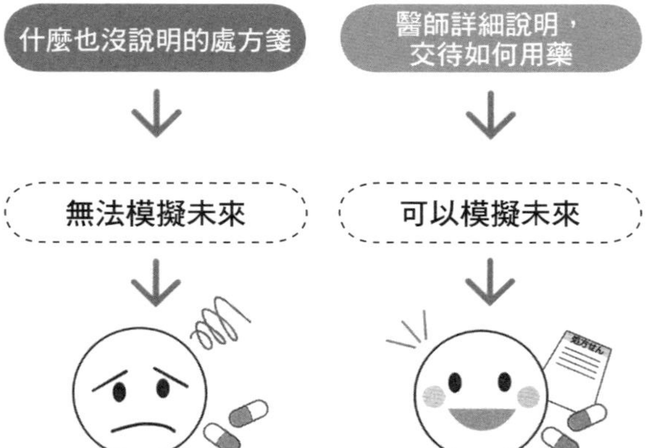

當一個人覺得悲傷、沮喪時，「你真的好可憐喔！一定覺得很沮喪吧」、「沒事啦！一定會雨過天晴的」，面對這兩句安慰之詞的感受將完全不一樣。

一個人的表達方式能夠左右對方的意識，甚至改變事實結果，這就是「語言的力量」。NLP便是著眼於這股力量，活用這股力量。

「語言的力量」也能活用在自己身上

語言的力量不僅用於與人溝通，也能活用在自己身上。

法國心理治療學家愛米爾．庫埃（一八五七〜一九二六年），藉由每天在心裡反覆地告訴自己：「我的一切都會變得越來越好」這樣自我暗示的治療方式，成功地治癒了許多病患。

不只心靈，用於治療身體病症方面也很有效果，這就是「語言」能透過大腦傳至全身的最佳證明。

我們人體的六十兆個細胞也會接收語言的刺激。

因此時常對自己說些正面積極、能夠激發潛能、對未來充滿期待的「魔法語言」，也是邁向成功之路的不二法則。

學習 NLP 前的暖身要點①

NLP的字典裡沒有「失敗」這字眼！

所有的行為和結果都是「成功」的

「今天談的不是很順利」、「為什麼這個問題總是無法解決呢」，也許不少人會覺得自己是在反覆的「失敗」中度過每一天。**但在NLP的世界中，是沒有「失敗」這個字眼的。**

「今天又睡過頭了～」這麼想的你，不妨試著轉換成「今天睡過頭了」這般程式。姑且不論睡過頭這件事是不是自己所期望的行為，**基本上讓所有行動「成功化」就對了。**

將行為引導至結果的程式就是「策略」（strategy）。

Column

何謂策略？

我們平常會無意識地處理各種情報。

大腦處理情報的過程好比做蛋糕。先準備好各種材料，再依序混合材料。要是沒有按部就班做的話，便無法做出美味的蛋糕。而且一旦順序弄錯，便會得到不一樣的結果。

大腦也是如此。如果順序弄錯的話，結果就會有很大的差異。大腦依序處理情報一事便稱為**「策略」**。

為了達到更符合自己期望的結果，如何擬定策略是很重要的。

透過「回應」邁向成功

在NLP中，對於所有行為、習慣與情感，一律保持積極的心態來思考。

面對「失敗」時，不妨先汲取正面肯定的意圖，再來思考如何改善。

這時要做的就是「回應」(feedback)。回應不單只是反省，也是思考如何做出更好的行為。

回應不限次數。若不管再怎麼回應都無法達到自己想要的結果時，只要再嘗試其他方法就行了。

藉由回應，讓「失敗」成為成功之母，找到邁向成功之路的策略。

學習 NLP 前的暖身要點②

其實你已經擁有了所有必要「資源」

「資源」是協助達成目標的推手

在NLP中，將為了達成目標所需具備的東西，統稱為「資源」(resoruce)。像是體能、經驗、技術、時間、金錢和人脈等都是資源。

另外像是「信守承諾」、「酒量好」、「對電影很有研究」等個人特質，也是一種資源。此外，像是「小學運動會上全力以赴」或是「去遊樂園玩得很盡興」等過往經驗也算是資源。

應該聽過梅特林克的知名童話故事《青

你所擁有的資源範例

* 有責任感
* 口才很好
* 個性積極
* 喜歡照顧別人
* 笑容燦爛
* 冷靜的判斷力
* 擅於收集情報
* 幽默感十足
* 手很靈巧
* 身懷絕技
* 有尊敬的前輩
* 對時尚很敏銳
* 酒量好
* 對電影很有研究
* 信守承諾
* 瞭解自己的弱點
* 有領導能力
* 廢寢忘食地K書，如願考上第一志願
* 有很會畫畫的朋友
* 活動筋骨，身心舒暢
* 去遊樂園玩得很盡興

鳥》吧？兩個小孩四處尋找幸福的青鳥，沒想到青鳥就在自己的家裡。

我們應該要充分瞭解自己過去所達到的成果等，不要輕忽身邊的資源。

關於這一部分，後頭說明NLP的技巧時會再介紹，總之善用資源，因應必要場面是很重要的。

你已經擁有所有必要的資源嗎？

你可以想像自己想要達成的目標，如果實現的話，會是什麼樣的感覺？會是什麼樣的情況嗎？

若能鉅細靡遺地想像到彷彿真的實現的話，表示你已經擁有了所有必要的資源。

相反地，若是覺得資源不足，除了可以運用NLP的技巧擴增自己原有的資源，也能將別人身上的資源變成自己的資源。

利用NLP創造有用的資源

在NLP中，除了自己所擁有的資源，還能擴增資源，或是將別人的資源變成自己的資源。

學習NLP前的暖身要點③

你所看到的地圖和實際情形是有出入的

我們是用既有的地圖來捕捉世界

我們會利用各式各樣的地圖，前往我們想要去的地方，地圖是幫助我們抵達目的地的重要工具。然而顯示在地圖上的只是個記號，和實際情況是有出入的。

可以在地圖上尋找東京鐵塔，卻無法實際觸摸東京鐵塔。地圖會因應目的，予以簡化。

我們就像地圖，透過個人的主觀意識眺望這個世界，用個人的主觀記號來記憶。

舉例來說。眼前有一隻「兔子」，A覺得「很可愛」，B覺得「柔軟蓬鬆」，C覺得「好好吃的樣子」。

即使是同一件事情、事實或體驗，每個人的認知和思考模式都不一樣。

在NLP中，這是前提之一（參考第50頁）。以「地圖不等於疆域」（The map is not the territory）的譬喻來說明，瞭解這樣的道理也是很重要的。

瞭解別人的地圖，自己也能成長

一如前述，我們都是帶著主觀的地圖遊走世界。若一個是帶著只有距離正確的藏寶圖，另一個則是帶著只有方向正確的藏寶圖，結果會如何呢？勢必兩個人都很難找到寶藏（目標）吧。

若把這裡的目標視為「溝通」的話，首先要瞭解自己和他人，都是各自帶著一份地圖，藉由共享彼此的地圖，建立初次的溝通。

NLP就是幫助我們一邊帶著各自的地圖，一邊尋找瞭解彼此的方法。

然後藉由知道對方的地圖，一邊擴大自己所有的地圖、增加地圖的種類，一邊更新地圖，激發自我潛能，促使人際關係更融洽。

地圖不等於疆域

即使看得是同一個東西，三個人的認知與看法均不相同。我們看到的往往不是事物的本質，而是透過個人的主觀意識，用自己的想法來看待。

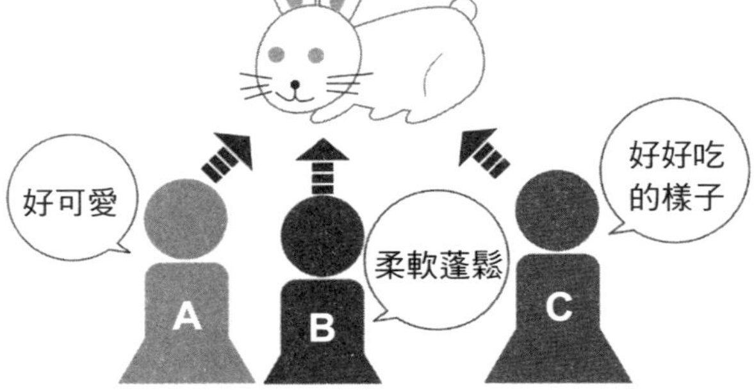

學習 NLP 前的暖身要點④

好比做菜時調味般，從錯誤中學習

為了達成目標的「TOTE模式」

該如何著手做一道馬鈴薯燉肉呢？首先準備食材、切菜，然後調味。若感覺味道偏淡時，該怎麼辦呢？加些醬油、砂糖和味精等，邊嚐味道邊調味，覺得OK後才端上桌。

我們想要達成一個目標時也是，必須像做菜一般按部就班地進行。

首先備妥材料，訂立目標，這動作稱為「輸入」（input）。

有動機才會產生「我想變成這樣」、「我想做那件事」之類的目標。

譬如，之所以想瘦身變美，可能是因為遇見心儀的男性，或是羨慕雜誌上模特兒的好身材，心中湧起一股想法，這就是「輸入」。

「輸入」這動作就是將「目前的狀況」和「目標」（自己期望的狀況）表面化，然後觀察兩者之間的差異，這動作稱為「檢測」（test），好比做菜時嚐味道的意思。

若必須採取新的行動或想法，勢必得有所改變，這動作稱為「實行」（operate），好比做菜時調味的意思。

藉由反覆嘗試，達到自己期望的狀況後結束，這動作稱為「達成目標脫離」（exit），反覆運作直到呈現自己所期望的狀況。

這方法稱為「TOTE模式」（test→operate→test→exit）。

如何活用「TOTE模式」

從「TOTE模式」也可以瞭解在NLP中沒有「失敗」這字眼。不妨將「失敗」視為一種「測試」，這麼一來，就不會因為失敗而沮喪。

若期望的狀況（＝達成目標脫離）與目前的狀況有所差距時，只要反覆「實行」就行了。若A不行的話，就嘗試B，不斷嘗試能夠更貼近目標的方法。與其灰心沮喪，不如積極地嘗試各種方法，才能有效率地達成目標。

活用「TOTE模式」，學習NLP的技巧，追求最真實的自我。

「TOTE模式」

一種達成目標的方法，稱為「TOTE模式」（test ▶ operate ▶ test ▶ exit）。

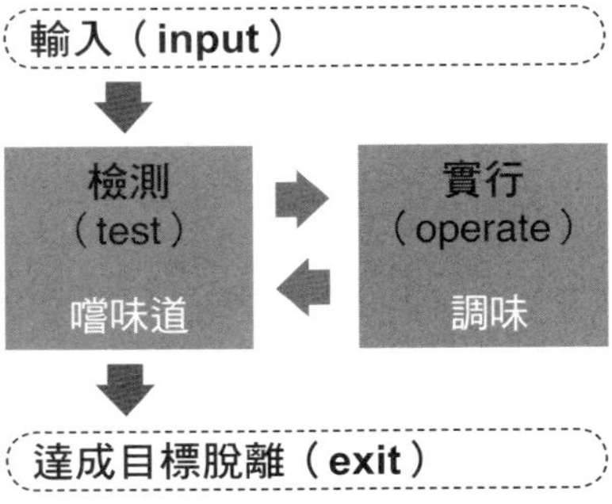

學習NLP前的暖身要點⑤

下意識地反覆練習到能夠無意識地靈活運用

NLP的四大學習步驟

好比從不會用剪刀到能夠「靈活運用一把剪刀」，讓自己熟能生巧就對了。

學習NLP有「四大步驟」。依著每一步驟循序漸進，到達最後一個步驟時，腦子裡已經建立了程式，能夠無意識地立刻反應。

將學習成果發揮至極致，讓自己能夠無意識地靈活運用。

所謂四大步驟就是：①「無意識地不做」②有意識地不做③「有意識地做」④「無意識地做」。

這裡以有個叫P太郎的原始人來到現代，「學習怎麼用剪刀」為例，來說明這四大步驟。

第一階段「無意識地不做」

這是學習前的階段。好比原始人P太郎連剪刀都沒見過，也不曉得有剪刀這東西。

意即根本沒聽過NLP，連NLP是什麼都不知道，當然不可能運用NLP。

●第二階段「有意識地不做」

原始人P太郎雖然曉得有剪刀這東西，但不清楚它的用途，也不曉得如何使用。

就像開始知道有NLP，但還不是很清楚，也不曉得該如何運用。

●第三階段「有意識地做」

這時已經學習到某種程度。原始人P太郎曉得怎麼使用剪刀，但還沒辦法用剪刀剪出自己想要的形狀。

可以下意識地運用NLP，但還沒辦法靈活運用，必須邊思考邊運用技巧。

●第四階段「無意識地做」

由學習中不斷累積經驗，達到靈活運用的階段。這時已經可以一邊與人交談，一邊隨心所欲地剪出各種形狀。原始人P太郎已經成了剪紙高手。

學習到這階段，可說對NLP已經十分熟練，不需要刻意思考NLP的技巧，也能隨心所欲地運用。

四大學習階段

學習的過程中有四大階段。藉由反覆的練習與回應，讓自己熟能生巧，能夠無意識地靈活運用。

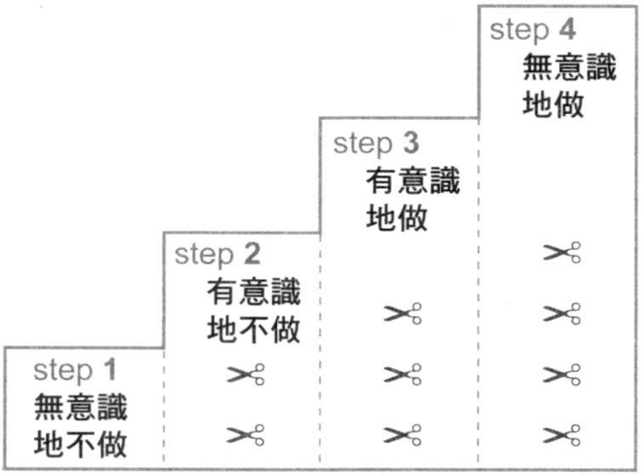

學習 NLP
前的暖身
要點⑥

主體一定是「自己」

隨時記得「自己」是主體

NLP的技巧不但適用於自己，也可以套用在對方身上，瞬間改變意識。

因此面對讓自己感到棘手的人時，不要老想著改變對方的想法。與其改變對方，不如改變自己的心境。只要不再覺得對方棘手，對待對方的態度也會變得不一樣。讓對方感受到你的改變，彼此的關係也會有所改變。隨時記得「主體是自己」就對了。

處理事情時也是。譬如，因為某人的傳達錯誤，而忽略了顧客的申訴，結果遲遲沒得到

當事者與旁觀者

自己同時擁有「當事者」與「旁觀者」兩種身分，對事物的感受與看法也不一樣。

當事者
（associate）

旁觀者
（desociate）

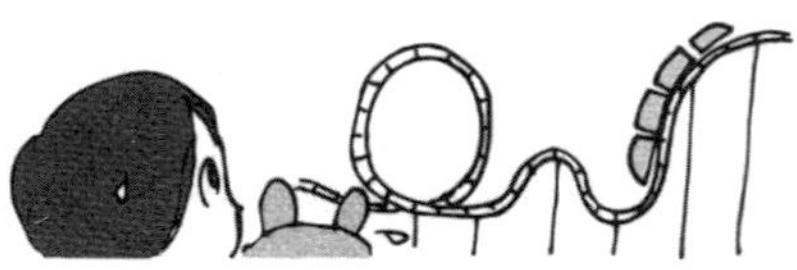

回應的顧客，非常生氣地打電話來臭罵一頓。

面對這種情況，不要老想著是「誰的錯」，而是思考「自己現在該怎麼處理，才能盡量圓滿地解決這件事」，這就是隨時意識到主體是「自己」。

自己是「當事者」也是「旁觀者」

前述已說明自己是主體的重要性，其實身為主體的自己有兩個角色，一是當自己是「當事人」時，二是當自己是「旁觀者」時。

試著想像自己「乘坐雲霄飛車的時候」，想像自己坐在高速行駛的雲霄飛車上，在半空中呼嘯飛馳的感覺。或是邊看著自己乘坐雲霄飛車時所拍下的照片或影片，邊想像吧。

前者是以「當事者」的身分想像，後者則是以「旁觀者」的身分想像當時的感覺。

若是當事者的話，便能回味那時乘坐的感受，譬如很有快感、感覺很刺激等。

若是旁觀者的話，因為是看著自己的影像，便無法感覺那時乘坐的感受。

我們習慣以「當事者」的立場來看待像是愉快的記憶或開心的事，這些隨時都想回味的感受；相反地，面對不愉快的回憶就會以「旁觀者」的立場來看待，如此才能忘卻不愉快的回憶。當然像是「上一次當，學一次乖」這種經驗一定要銘記於心。

附帶一提，當事者的立場稱為「associate」，旁觀者的立場稱為「desociate」。

學習 NLP 前的暖身要點⑦

想像心目中期望的自己，明確訂立目標

具體地想像「目標」

明確地訂立目標與成果是很重要的，不單只是流於語言的表達，而是能夠具體地想像。譬如，不是只有「想著要變瘦」，而是使用五感，想像自己「春天之前成功減重五公斤，穿著碎花洋裝與帥哥一起愉快賞花」的模樣。

設定目標時，所需具備的條件

設定目標和成果時，有幾項要點。逐一克服這些要點，設定目標是很重要的。

用肯定句來表現事物

目標與成果一定要用肯定句來表現。不要使用像是「最好別做～」等否定句表現。譬如，「想消除疲勞」和「想變得有活力」，這兩句話或許聽起來感覺一樣，其實呈現出來的效果大不相同，後者才是用肯定句來表現事物。

●由自己來主導，完成目標

達成目標與成果的主語，一定要用「我」來表現。譬如，我希望上司的情緒能夠平靜一點等，主語擺在我，而不是擺在自己以外的人或事物上。

●用五感想像期望的目標，並明確訂立目標

試著用五感在腦海中想像達成目標的狀況。用視覺、聽覺和身體感覺想像那樣的情景。

●配合外在環境，設定目標

訂立目標時，必須將親朋好友和同事等周遭人的情況，以及外在環境條件等因素，一併納入考慮。此外，也要考慮達成目標時，與周遭的關係是否因此改變，自己是否會覺得不對勁等。

●保留現狀裡的所有積極要素（隱藏得益）

一如前述，所有行為都含有「肯定的意圖」，因此現況中肯定也有好的部分。

譬如宣示「戒菸」這個目標時，不妨先想一下吸菸的好處並保留下來。若抽菸的好處是能夠稍微放鬆一下，那麼就先想好戒煙後能夠放鬆身心的替代方案。

總之，目標最好具備「採取肯定的表現」、「由本人發起，並維持」、「維持一切的信賴機制」、「能以五感想像並嘗試」等五大條件，這在NLP中，稱為「**最完整的目標**」。

學習 NLP 前的暖身要點⑧

NLP的八大前提

NLP的八大基本思考模式

在NLP中，有所謂的八大前提，也是基本的思考模式。這是將「目前的狀況」修正為「更符合期望的狀況」這樣程序的基本方針，瞭解這八大前提，便能明白NLP的思考模式以及所蘊含的哲學層面。

與其「改變現實體驗的內容」，不如「具有改變體驗過程的能力」

以下雨為例，我們無法改變「下雨」的事實，但也不需要因此長吁短嘆，「反正今天下雨，就待在家裡打掃一下吧」，讓自己的想法與行動更具彈性，對事物的看法也會有所改變。

溝通是雙向的

溝通是雙向的，單方面無法成立。由對方與自己所接收到的情報量，以及所接收到的反應中，衍生、發展出新的溝通模式。如果接收的反應不符期待的話，再嘗試別的方法就行了。

●人類是透過五感（視覺、聽覺、身體感覺、嗅覺和味覺）判別周遭環境，表現自我

我們透過五感感受一切事物，透過五感來表現。因此如何讓五感之間相輔相成，善用五感是很重要的。

●其實我們早已具備了改變所需的必要資源

希望「變成這樣」或是「想要這麼做」，其實我們早已具備了所有付諸實行的必要資源。

●地圖不等於疆域

我們所見所聞、所感受到的情報，其實與事實有所出入，因為每個人都有自己的主觀意識，而且這樣的主觀意識因人而異。若能明白每個人對同一件事物的認知和感受都不一樣，便能促進彼此良性溝通，取得共識。

●一個人的肯定價值是不會改變的。當然也取決於一個人的內在與（或是）對外的反應是否有價值，是否妥當

我們的一切都有其存在價值。而且如何「感覺」和「言行」是很重要的。

●所有行為都有其積極肯定的意圖與效用

我們的行為一定都有著正面積極的意義，而且不管是什麼樣的行為，都有能夠發揮效用的時候。

●「回應vs.失敗」。面對工作或任何狀況，不管結局是否符合我們的期待，一切結果與行為都是成功的

因為大腦不認得失敗這字眼，所以就算是結果不符期待的程式也是成功的。藉由「回應」能夠引導出更符合期望的程式。

奇怪？
為何就是聽不懂
對方在說什麼，
有種雞同鴨講的感覺呢？
溝通之所以出了問題
是有原因的，
本章就是要從會話的特性
中揪出真正的原因。

Part 2

真的有超完美溝通方式嗎?!

溝通真的這麼困難嗎？

為什麼和他總是話不投機半句多呢？

「口才好的人」也是個「好聽眾」

與別人交談時，總覺得不曉得要說些什麼，氣氛頓時變得很尷尬；好不容易有機會可以和心儀的人聊天，卻緊張得半晌說不出話來。不管是誰，應該或多或少都有類似的經驗吧。

一提到口才好的人，也許腦中會浮現如說相聲的人般，永遠有講不完的有趣題材，一副口若懸河的模樣。

話題豐富當然容易吸引別人的注意，也是一種說話的技巧。

但不是一直說個不停就行了，其實除了口才好以外，也要懂得當個「好聽眾」。

仔細聆聽對方說些什麼，再根據對方說的內容來回應，從交談中建立彼此的「信賴關係」，達到心靈相通的溝通。

也就是說，真正口才好的人，不但擅於表達，也能讓對方聽得很舒服。

如何才能溝通零距離

如何才能溝通零距離呢？有個簡單的方法，那就是回想自己與關係親密的人交談時的情景。

與關係親密的人交談時，

◎姿勢和手腳擺放的位置／樣子
◎動作
◎說話的節奏和音調
◎呼吸
◎想法／價值觀
◎話題內容
◎當下的心情

不知不覺就會固定一個模式，是吧？

彼此契合是達到心靈相通，溝通零距離的條件之一。

打從心底對對方的事感興趣，自然地附和，針對對方所說的內容可以提出各種問題。如此一來，不但很會「說」話，也很會「聽」話。

唯有懂得「配合對方」與「傾聽」才能達到溝通零距離

「傾聽」不只是聽對方說什麼，也會對對方所體驗的世界產生好奇。除了言語上的溝通，也會接受對方的思維和世界觀，才能讓對方敞開心房，打開話匣子。

接下來將逐一說明各種具體的方法，但最重要的是，一定要先懂得「配合對方」與「傾聽」，才能做到溝通零距離。

言語與非語言

九成溝通都是來自非語言的情報

來自「非語言」的情報更重要

電視上播放選手參加奧運等賽事，拿到優勝時高興地流淚、比出勝利手勢的畫面，感受得到他們既高興又感激。就算來自不同的國家，說的是不一樣的語言，也能從他們的動作和表情，瞭解他們的心情。

我們平常與人交談時也是如此。用充滿情感的撒嬌聲說「我愛你」，遠比女主播用播報新聞的口吻說：「我愛你」更叫人感動，不是嗎？

其實平常溝通時，我們會從表情、動作、音調和聲音大小等，這些並非經由嘴巴說出的「非語言」部分汲取很多情報。

一般講述溝通的相關書籍，都會提到美國心理學家麥拉賓（Mehrabian）所主張的麥拉賓法則，意即「溝通是由七%的言語、三十八%的音質、五十五%的表情和動作所構成的」。因為這是針對表情和聲音所做的統計，所以數據缺乏可信度，後來麥拉賓自己也否定了這法則。然而溝通時，「非語言」的要素十分重要，這點則是無庸置疑的。

班德勒博士也說過：「溝通有九成的情報來自『非語言』的情報，一成來自『語言』。」

「眼神交會」與「點頭」是溝通的潤滑劑

我想大家應該都已經瞭解「非語言」對於溝通會產生多大的影響。尤其傾聽別人說話時，若能給對方一些訊號，便能讓對方更樂於與你溝通。

「點頭」便是一種訊號，會直接影響溝通的順利與否。

當然「眼神交會」也很重要。就算點再多次頭，不正視對方便沒有任何意義了。

就算沒有出聲回應，只要對方確認你是看著他，朝他點頭，明白你確實有在聽他訴說，就會覺得很安心。

有人說：「溝通就像在玩投接球」，「點頭」和「眼神交會」就是讓球更有彈性的行為。

接下來會陸續說明如何讓對方安心，以及如何順利導引出對方情緒等方法。總之，一定要記得運用「點頭」和「眼神交會」這般簡單的方法，讓溝通更順利。

Column

非語言就是心

雖然我們常說：「感覺整顆心都溫暖起來了」或是「感覺心好痛」，其實根本看不見心，也觸摸不到。然而「**非語言**」卻能反應我們的心。就算什麼也沒說，只是露出溫柔的笑容，也能達到心靈相通的境界，因此非語言可說是面「心鏡」。

溝通的陷阱①

一旦化為語言，許多情報就會被「刪除」

語言是體驗的「刪除符號」

問昨天吃咖哩飯的人：「昨天你吃了什麼？」，大部分的人都會簡單地回答：「咖哩飯。」這樣的回答其實刪除了許多情報，像是除了咖哩飯之外，還吃了什麼？咖哩飯有什麼料？是什麼口味的咖哩飯等。

我們是經由「想像」和「體驗」，化為「語言」表達出來。與人溝通時，腦中會邊浮現「體驗」（或是想像）邊說明。

「昨天吃了咖哩飯」這樣的體驗中，涵蓋了像是「昨天幾點吃」、「和誰吃」、「在哪裡吃」以及「是否美味」等許多情報。然而化成語言後，並沒有說明這些情報，也沒有傳達給對方知道。

一旦將體驗化為言語，就會刪除許多情報

雖然「體驗」裡涵蓋了許多情報，但透過「語言」只能表現出一部分，因此溝通時，情報往往

因為情報被刪除而導致溝通不良

因為「語言」只能表現一小部分的「體驗」，所以我們在溝通時，大部分情報都會被「刪除」，這就是導致「溝通不良」的原因。

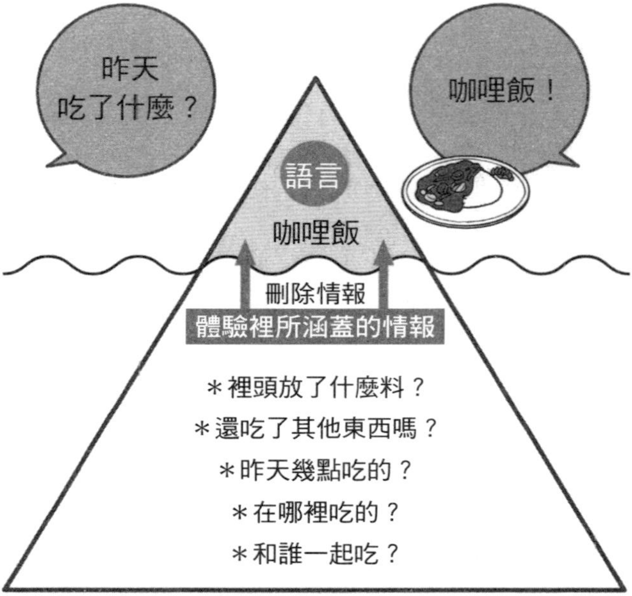

會被「刪除」（省略）。

這麼一來，不但無法順利地將想法傳達給對方，也很難理解對方想表達的意思。

上圖便是說明如何將體驗化為語言的過程。

雖然金字塔型是體驗的所有內容，但曲線以上，以語言表現的部分僅占全部的一小部分而已。

因此如何還原曲線以下被刪除的情報，是很重要的。

溝通的陷阱②

每個人接收語言的方式都不一樣

即使是同一句話，每個人接收到的訊息也不一樣

譬如你向朋友說：「昨天休假，我和女友去看了場電影」，於是昨天得上班的朋友回道：「好好喔！」

那麼，朋友那句「好好喔」究竟是指哪件事呢？是指「昨天休假一事」？還是「和女友去看電影一事」？抑或是「純粹指看電影一事」呢？總之有好幾種答案。即使得到一句「好好喔」的回應，也無法理解對方所認知（描繪）的訊息。

況且你並沒有陳述像是「玩得很開心」或是「電影很好看」之類的感想，因此對方便擅自以「一定玩得很開心吧」為前提來回應。

朋友中一定有人依過往經驗建立「休假時和女友去看電影＝很開心」這樣的程式，邊聽你說，邊對照自己的過往經驗來想像。

假設你向最近剛和女友分手的朋友傳達同樣訊息，也許會得到這樣的回應：「我暫時不想交女

友。」

所以，每個人所接收的訊息都不太一樣。

溝通的成果取決於接收到的情報量

就算說的是同一句話，接收一方所接收到的訊息和認知也不見得一樣。若想確實地將內容傳達給對方，需要多一點的情報。因此溝通的成果取決於接收到的情報量。

即使說的是同一句話，認知也會因人而異

因為接收的一方會一邊聽，一邊對照自己過往的經驗來想像，即使說的是同一句話，認知也會因人而異。

昨天我和女友去看了場電影
好好喔！
A的反應

昨天我和女友去看了場電影
我暫時還不想交女朋友
B的反應

溝通的陷阱③

往往會憑個人的主觀意識扭曲情報

主觀意識會扭曲情報

一如前述，我們往往會憑個人的主觀意識來看世界，然後極端地表現出來。因為想法有所偏頗，以致於情報遭到扭曲。

譬如「他竟然忘了我的生日，一定是不喜歡我了」，就是套上「忘記生日＝不喜歡我」這樣的主觀意識來看待這件事。

也許對方真的很忙，不小心忘了。也或許假裝忘了，事後才裝出一副猛然想起的樣子。總之對方並沒有說出「不喜歡」這字眼，全是傾聽者自己這麼認為。

「價值觀」成了主觀意識

翻看小學生寫的課外讀物讀後心得，會發現每個小朋友對同一本書的感想都不一樣，這是為什麼呢？

因為每個人的出生環境和經歷都不相同，價值觀自然迥異。然後價值觀成了主觀意識，因此即使看的是同一件事物，看法與想法也不盡相同。而且主觀意識是由國家、民族之間的歷史、教育和宗教等因素所構成的。

Column

究竟是事實還是誤會？

大家都知道哥倫布發現的新大陸是美洲，但他一直以為自己到的地方是「亞洲」。為什麼呢？因為他深信腦中既有的常識。

此外，以前的人從沒想過有朝一日能遨翔天際也是一例。

所謂歪曲事實，就是「違背事實，想法偏頗」。其實我們深信不疑的許多事實，只是我們單純地過度相信罷了。

依個人的主觀意識扭曲情報

因為每個人的出生環境和經歷都不一樣，價值觀自然迥異。然後價值觀成了主觀意識，我們往往會憑個人的主觀意識扭曲事實。

溝通的陷阱④

以「一般化」的心態看待所有事物

將情報予以「一般化」

像是「大家都當我是白癡」、「到處都很不景氣的樣子」等，諸如此類的表現都有一個共通點，那就是將所有事物都以一個範本來表現，稱為「一般化」。

就像前面所提的兩個例句，難道真的都是這樣嗎？其實不然，大部分情形並非如此。

其他像是「我太胖了」這句話也是，明明沒和別人比較過，卻用一般化來表現；還有「只要你夠聰明就會明白」這樣的話，也是以「對方不夠聰明」為前提，用「一般化」來表現。

為何習慣用「一般化」來表現呢？

為何明明不是所有的事皆是如此，我們卻常常用「一般化」來表現呢？

仔細想想，是因為有時我們想要徵求對方的同意，或是單純地過度相信，甚至是因為對自己的意見缺乏自信的緣故。

也許是因為這樣，才會選擇大家也會用的「一般化」語氣來表現。

導致溝通不良的原因

複習一下導致溝通不良的原因吧。

首先，說話者會發生省略情報（＝刪除）、憑個人主觀意識曲解事實（＝扭曲）、將所有事物都以一個範本來表現（＝一般化）等情況。也就是說，將體驗翻譯成語言時，會漏失許多情報、扭曲事實以及抽象化。

再來尋找會讓傾聽者陷入溝通不良的陷阱吧。

傾聽者往往會將溝通上一些比較抽象化的語言，套用上「依自己的經驗所建立的程式」。

問題是，傾聽者不可能和說話者有著完全相同的體驗，因此就算說的是同一句話，聽的人不同，接收的方式也不一樣。

在NLP中，會使用「提問」和「確認」這兩種輔助工具，找回彼此之間漏失的情報，促使雙方做更良好的溝通。

提問與確認是促使雙方良性溝通的工具

透過「提問」與「確認」，讓「說話者想傳達的訊息」與「傾聽者所接收到的訊息」達到一致。

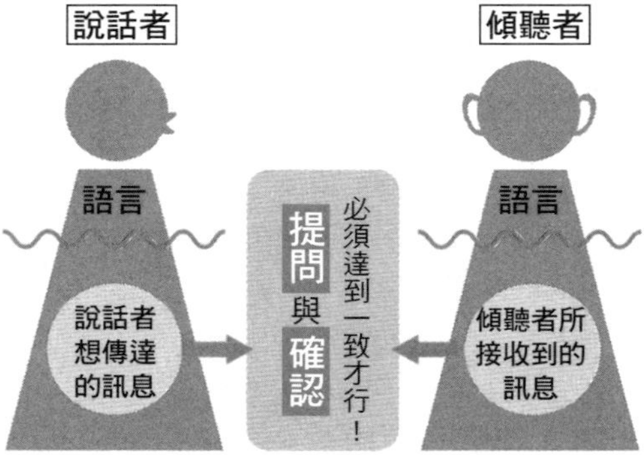

如何避免溝通不良①

「信賴關係」是溝通的基本要件

溝通建立於「信賴關係」

前面已經說明關於溝通上的陷阱，不過還有一些是「無法傳達的語言」，但不是指什麼本國語言和其他國家語言的這種差異。

所謂「無法傳達的語言」是指「對方無法接受的語言」。

雖然無法傳達是件很遺憾的事，但即使陳述的是再怎麼正確的事實，對方還是無法接受。

唯有擁有「心的護照」，才能讓對方接受，而所謂「心的護照」，就是「信賴關係」。

就像往來各個國家需要「護照」般，心靈相通的溝通建立於「信賴關係」。唯有溝通才能讓對方接受自己，這就是溝通的價值。

只要肯用心，和誰都能建立「信賴關係」

「信賴關係」不是只有和親朋好友才能建立的關係。

出國旅行一定要有「護照」

溝通時，也一定要有「心的護照」

身為業務員的你，若想和客戶保持良好互動，或是維持良好的上司與下屬的關係，「信賴關係」絕對是項非常重要的要素。

也許你會覺得「信賴關係」這字眼有些沉重，其實首先讓對方對自己保持「好感」就對了。

雖然是初次見面，卻覺得彼此一定能變成好友，這就是「好感」。

第三章會介紹一些讓對方產生這些感覺的積極方法。

如何避免溝通不良②

藉由「提問」與「確認」促使溝通更順利

活用「提問」找回漏失的情報

溝通的過程中，埋有各式各樣的陷阱。如何才能避免跌入陷阱，享受溝通的樂趣呢？其實答案很簡單。

之所以導致溝通不良，是因為將體驗翻譯成語言時，往往會將情報「刪除・扭曲・一般化」的緣故。因此只要探究「被刪除的內容為何？」「怎麼個扭曲法？」「如何一般化？」就行了。

也就是說，只要「提問」就行了。

以下舉例說明如何「提問」。

N：「我現在真的很傷腦筋呢～」

L：「為了什麼事傷腦筋啊？」

N：「就是最近和我女朋友P的感情出了點問題。」

L：「怎麼說呢？」

N：「寫 mail 給她，她都不回。」

L：「什麼時候的事啊？」

N：「自從三天前我們一起吃飯後，就沒再聯絡了。」

L：「那時你們在一起的感覺如何？」

N：「就沒怎麼樣啊！」

L：「沒怎麼樣是什麼意思？」

N：「就和平常一樣啊……」

L：「真的是這樣嗎？」

N：「……啊，對了！那時我們去了一家有點怪的店。」

L：「什麼樣的店？」

N：「穿上老鼠玩偶裝喝酒。」

L：「是喔～。那時她的表情如何？」

N：「不太記得了。臉好像有點臭吧。」

兩人異口同聲：「啊！原來如此！」

像這樣弄清楚收集到的情報，修正偏頗的看法，以「後設模式」（Meta-model）提出問題，就稱為「提問」。

第六章會詳細說明何謂後設模式。使用後設模式，便能將曖昧事物的「核心部分」弄清楚，這麼一來，便知道該如何著手處理了。

「提問」能夠左右對方的意識

「平常和別人說話，也常會問這問那啊！」你也許會覺得沒什麼特別的，是吧？然而不經意地「提問」，其實隱藏著能夠左右對方意識的力量。

當別人向我們「提問」時，我們的腦中會出現什麼樣的狀況呢？

因為意識只能聚焦於一件事上，所以當別人提問時，意識會針對提問的內容，思考如何回答。

譬如你心裡想著：「肚子好餓喔。晚餐還沒好嗎？」，這時突然有人問你：「明天幾點上班？」意識會瞬間聚焦於明天上班的時間，回答「八點」。

意即，「提問」扮演著左右對方意識的前鋒要角。

如何避免
溝通不良
③

溝通的成果取決於接收的情報量

「溝通」的本質意義

NLP的終極目標，就是透過溝通，將對方導引至更好的狀況。

一如前述，透過「語言」只能傳達一小部分想傳達的事。如何汲取這一小部分情報讓彼此共享，便是「溝通的本質意義」。

NLP的前提之一，就是「溝通的意義在於所得到的回應」（The meaning of your communication is response that you get）。

透過溝通可以知道對方的反應，瞭解對方接收了多少情報。

「體貼」能夠彌補溝通的不足

重要的不是滿腦子只想著自己要說什麼，而是要想想該怎麼做，才能增進對彼此的瞭解。

唯有「體貼」才能彌補溝通的不足。

「對方期望的是什麼？」「對方的意圖是什麼？」著眼於這些事就對了。

「適切地提問，是為了導引對方得到更好的結果，達到目標」，若想成為溝通高手，一定要做到這點。正因為「不可能只靠語言溝通」，因此在NLP中，特別重視大腦的運作和非語言的部分，建議積極做些能與對方互動的事。

藉由「確認」讓訊息達到一致性

除了透過「提問」找回漏失的情報，「確認」說話者真正想傳達的事，和傾聽者所接收到的訊息是否一致，也很重要。

「對於你所傳達的事，我聽到的是〇〇，沒錯吧？」像這樣進行確認的程序是很重要的。

「確認」在溝通過程中的重要性

溝通的成果取決於接收到的訊息。因此「確認」接收到的訊息與傳達的訊息是否吻合，是件非常重要的事。

建立良好的互動關係，
才能享受溝通的樂趣。
本章將介紹幾招
能夠拉近彼此距離的
溝通技巧。

Part 3

如何增進彼此的關係

We are OK!

何謂十分投緣的感覺？

從「親切感」衍生出「信賴關係」

前面提過，溝通是建立於「信賴關係」上的。那麼，如何建立信賴關係呢？想像自己和一群年齡、性別各異的人一起參加講座，而且所有人都是初次見面的情形。你會先向什麼樣的人搭訕呢？

大部分都是先向坐在身旁的人、同性而且和自己年紀相仿，或是感覺和自己很像的人搭訕，除了請教大名之外，也會詢問對方住哪裡、哪裡出身等，發現彼此的共通點，熱絡地聊起來。你我應該或多或少都有這樣的經驗才是。

再試著回想自己當初參加開學典禮時，放眼望去看不到半個熟人的情景。這時你可能會向坐在旁邊的人搭訕，或是發現同鄉的人，想說應該比較談得來；抑或是憑直覺挑選感覺與自己很像的人，試著與對方交個朋友。

我們對於擁有共通點，感覺和自己很像的人，會萌生一種親密感。一旦發現彼此的共通點，感覺一下子便拉近距離。這就是所謂的**「親切感」**。

和別具「親切感」的人在一起，自然感覺輕鬆安心。這是因為大腦會無意識地要求「安心感」，而且眷戀這股安心感的緣故。

從這例子可以瞭解，**與別具「親切感」的人，比較容易建立「信賴關係」**。

努力與對方建立「良好的關係」吧！

在NLP中，將「信賴關係」稱為「良好的關係」（rapport），是溝通上不可或缺的一環。

「Rapport」的法文意思是「收益．利益」、「關係」和「報告」，奧地利醫師麥斯默（Mesmer）與法國精神科醫師迦奈（Janet），引用這詞作為表現催眠師與受催眠者之間的「親和關係」，成為心理學的專門術語。後來奧地利精神分析大師佛洛伊德，又將這詞引用至精神分析學家與諮商者之間的關係，擴大其意涵。

有些講述NLP的書將這詞譯成「心橋」。雖然這比喻還不錯，但絕對不是忠於原文的翻譯，所以千萬別搞混了。

建立良好的關係，不單適用於彼此熟稔的對象，也能應用於初次見面的人和令你覺得棘手的對象，只要稍微下點功夫，便能讓對方對你產生一股「親切感」。

接下來會說明一些具體方法。一開始必須下意識地實行，漸漸地就會變成無意識地實行。

如何建立良好的關係①

運用五感觀察對方 ～度測～

運用「度測」瞭解對方真正的心聲

後輩或部屬向你請教一件事，於是你做了一番詳細的說明。

結果對方口頭上說：「懂了」，卻還是歪著頭，一副還是不太理解的樣子。遇到這種情況，你應該會心想：「真的懂了嗎？」，確認一番後，再說明一次。

一如前述，我們不單透過「語言」溝通，也從「非語言」得到很多情報。意即只要注意對方非語言的部分，便能瞭解豈是靠語言是無法明白的「真正心聲」。仔細觀察對方的姿勢和動作是非常重要的事。在NLP中，稱為「度測」（Calibration）。

一如前例，我們平常與人交談時，會自然地觀察對方，做出適當的反應。而且人類的大腦具有一旦下意識，便容易察覺到什麼的特質。

因此建議下意識地度測一下對方的言行。這麼一來，更容易察覺對方到底發出什麼樣的訊息。經過反覆地度測後，便能從對方微妙的動作和變化，推測並判斷對方的心情。

進行「度測」時的要點

必須邊交談，邊隨時進行「度測」。藉由仔細地度測，幫助我們更容易「跟隨」（Pacing，如何配合對方的技巧，後面會說明），更能深度瞭解對方。

靈活地運用「五感」觀察對方，就是所謂的「度測」。五感是指「視覺」、「聽覺」、「身體感覺」、「嗅覺」和「味覺」。雖然人類很少用嗅覺和味覺觀察對方，不過還是要學習充分活用這五感觀察對方。

一旦察覺對方的動作和表情出現變化，就表示度測發揮了效果。譬如一直興致勃勃，高聲說話的他，口氣突然變得不一樣，而且一副心神不寧、坐立難安的樣子。總之，態度驟變就是一種訊息。也許對方想換個話題、有什麼事想說，或是時間緊迫，想結束這段談話等。這時若能進行度測的話，便能靈活地因應任何狀況。

不過千萬別因為一心想著「要仔細觀察」對方，或是「探索對方內心的想法」，而直盯著對方看，這樣只會引起對方的反感。

度測的目的是為了建立**「良好的關係」，讓彼此的溝通更順利**。

活用「看」、「聽」、「感受」進行度測

如前面所言，進行度測時要使用「五感」，其中又以「看」、「聽」和「感受」這三項最常使用。接下來分別說明該觀察哪些地方。

「看」的度測

使用「**視覺**」進行度測。

像是臉上的表情、神色、傾聽時的姿勢、視線方向、姿勢、嘴唇的樣子、手的動作、腳開闔的情形、腳、雙手交臂、身體的擺動、點頭、呼吸的頻率、瞳孔的大小、淚腺、聳肩的模樣、挑眉的動作、眨眼、嘴巴開闔的情形、流汗等。

「聽」的度測

使用「**聽覺**」進行度測。

像是聲調、說話速度、說話的節奏、聲音的抑揚頓挫、說話的次數、語尾、說話的內容、應和的口氣、笑聲、呼吸聲、嘆氣、吐氣、一慣的說話口吻、擬態詞・擬聲詞的使用方法、「哦～」、「好厲害！」等感嘆的口氣、口頭禪等。

「感受」的度測

使用「**身體感覺**」進行度測。

像是體溫、氣氛、手的觸感（握手時）、身體的觸感（碰觸時）、味道等。

如何提升度測能力

找個人一起做以下的遊戲，提升自己的度測能力吧。

首先，請你的伙伴在心裡描繪自己「喜歡的食物」和「討厭的食物」。

先不要說出喜歡的是哪種食物，然後請伙伴將兩種都當作是自己喜歡的食物，說明一下。

譬如喜歡的食物是香蕉，「我最喜歡的食物是香蕉，它是種黃色的水果，不管老少都愛吃。最喜歡香蕉那軟軟的口感和甜味」像這樣說明喜歡的理由。同樣地，也要說明為什麼喜歡「討厭的食物」。

這時你要仔細觀察伙伴。待兩種食物都說明完後，猜猜哪一個是「喜歡的食物」，哪一個是「討厭的食物」，還要說明自己為什麼這麼猜測的理由。

確認答案後，請伙伴說明一下，這時可以詢問對方自己的感覺有哪裡不一樣。到此便告一段落，然後換對方試試看。

其實我們平常就很清楚對方的情感，只是太過依賴「語言」罷了。

不過「真心話」就算再怎麼隱藏，也會表露出來。說明「喜歡的食物」和「討厭的食物」時，仔細觀察對方，可以發現對方的眼神和說話方式等，其實有著許多差異。

如何建立良好的關係②

配合對方的步調 ～跟隨～

何謂「跟隨」？

我們對於和自己相像的人，會有種「親切感」，也比較容易建立「良好的關係」。所以會配合對方的姿勢和說話方式，讓對方覺得安心。「配合對方一事」在NLP中稱為「跟隨」，也就是配合對方的步調。

平常與人交談時，也會不經意地使用到「跟隨」。譬如和初次見面的客戶洽商時，不會貿然地介紹自家商品，而是邊詢問客戶的工作內容與需求，邊盡可能地介紹符合客戶需求的商品。

此外，和小朋友說話時，我們也會配合他們的視線，壓低身子，口氣也會變得比較和緩，甚至模仿小孩子的口氣說話，這也是「跟隨」。因為配合對方，也是一種溝通的技巧。

所謂「映現」，就是模仿對方

為了實行「跟隨」，會模仿對方的動作和姿勢。宛如照鏡子般的表現，稱為「映現」（Mirroring）。

像是模仿對方雙手交臂，翹二郎腿；對方點頭，你也跟著點頭；對方摸頭髮，你也摸頭髮。不過若做得太露骨，反而會招致對方反感，無法建立「良好的關係」。

因此仔細「度測」對方的事，才能讓自己的動作能夠自然地配合對方。

進行「跟隨」時的要點

雖然「跟隨」是為了去除彼此的不信任感，盡可能地注意對方的一舉一動，但感覺彼此達到一定步調後，再來順其自然就行了。

然後再實行「導引」，後面章節會再詳述，所謂導引，就是按照自己的步調主導談話內容。當然不是要掌控對方的一切，而是給予必要的影響，促使對方能朝著自己所期望的方向前進。

這道理也適用於面對一大群人時。譬如為了炒熱稍微有點沉悶的氣氛，自己一個人突然 high 起來，往往只會把場面弄得更尷尬，所以首先要做的就是「跟隨」。

就算陷入有點尷尬的狀態，也要先想辦法配合對方的步調。

「跟隨」的具體作法

該如何具體地實行「跟隨」呢？再詳細地說明一下。

姿勢和手腳擺放的位置

如何配合說話者的「姿勢」和「手腳擺放的位置」，最簡單的方法就是模仿對方無意識中做出來的動作。

具體來說，就是傾聽時的姿勢、歪頭的樣子、手腳擺放的姿勢等。模仿對方不經意地歪著頭，或是和對方一樣把手撐在桌上等，都是很有效的方法。

動作

配合對方的「動作」也是很有效的跟隨手法。當看到對方拿起杯子喝水，自己也跟著拿起杯子喝水，這感覺還是稍嫌做作了點，不如配合對方的手勢點點頭等，這些配合對方的節奏所做出來的動作會顯得比較自然。

此外，面對習慣抖腳的人，不妨豎起一根手指，配合對方的節奏搖著，然後慢慢地讓手指動作的幅度越來越小，不知不覺地就能抑制對方抖腳的習慣，這在後面會再舉例說明。

說話方式．出聲方式

最有效的跟隨技巧，就是配合對方的「語調」、「說話速度」和「音調」。為什麼呢？因為大部分的人都不會注意到自己發聲的習慣，所以不太會察覺對方是在配合自己說話時的節奏和音調。

呼吸

平常我們都是無意識地進行呼吸這動作。因此若能感受並配合對方的「呼吸速度」和「節奏」，便能迅速地建立彼此的良好關係。

表象系統

第101頁會詳細說明何謂「**表象系統**」，這裡先參考一下。

使用對方最擅長的「表象系統」來表現，就連表達時的表象系統順序也一樣的話，溝通起來絕對會更順利。

語言

使用對方才會用的「**特定語言**」以及彼此的「**共同語言**」也很有效。譬如對方習慣將「挑戰一事」用「try」來表現的話，你也跟著用「try」來表現，這麼一來，會讓對方對你產生一股親切感。

價值・信念・想法

贊同對方的「信念」、「**明確的想法**」和「**價值**」，是很高明的跟隨手法。因為和對方的中心思想有所共鳴，更容易建立良好的關係。

情感

配合對方的「**情感起伏**」也是協調彼此，和對方達成共識的一種手段。當對方充滿情感地訴說時，你也要專注地傾聽。

內容

能夠配合對方的談話「**內容**」，表示你能理解對方的經驗。

如何建立良好的關係③

重複對方的話，讓對方安心 ～複誦～

「複誦」就是重複對方所言

一如前述，藉由模仿對方一事，能讓對方感到安心。接下來要學的是「複誦」（Backtrack）的技巧，也就是邊重複對方所說的話，邊回應的意思。

所謂複誦，就是擷取對方發言的語尾或關鍵字來回應，一般稱為「鸚鵡學舌」。譬如，聽到對方抱怨：「今天好累喔」，你便回應：「很累喔」，這樣的手法就稱為「複誦」。

藉由實行「複誦」，不但能讓對方感受到自己的發言有得到回應的滿足感，也能刺激對方打開話匣子。

而且因為是重複對方說過的話，所以會讓對方有種受到肯定的感覺，萌生安心感，也是這技巧最重要的含義。

進行「複誦」時的要點

雖然複誦是重複對方說過的話，但不必一字一句地複誦。

只要善用「關鍵字」或「語尾」等字眼，直接地回應就行了。

有時光是一味複誦，也會讓人覺得是在確認什麼似的。這時不妨先簡單地歸納一下對方說過的話，再作回應，更能增進彼此的信賴關係。

總之，最重要的是讓對方覺得自己的發言受到重視，感覺十分安心。

複誦的要點

重複關鍵字或語尾

不必一字一句地複誦，善用「關鍵字」和「語尾」回應才高明。

歸納對方所言來回答

一邊整理對方說過的話，一邊回應。讓對方覺得自己的發言受到重視，感覺十分安心。

別讓對方覺得好像在逐一確認什麼

複誦過頭的話，反而讓對方覺得不安，這點務必注意。

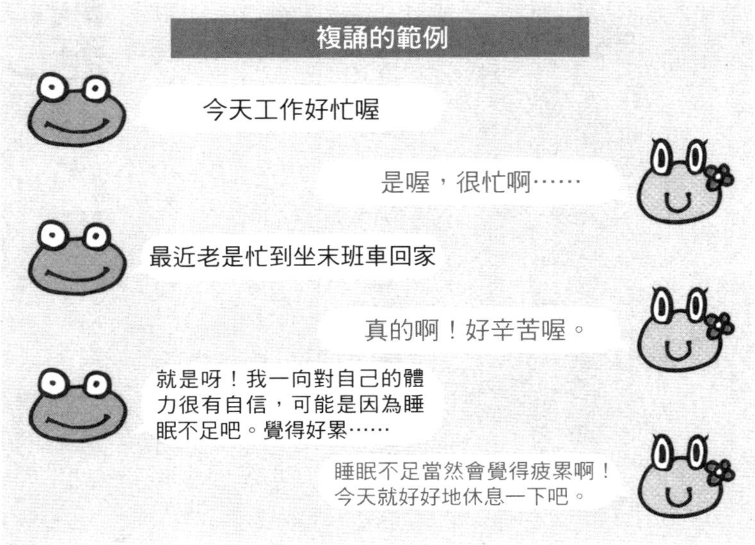
複誦的範例
今天工作好忙喔
是喔，很忙啊……
最近老是忙到坐末班車回家
真的啊！好辛苦喔。
就是呀！我一向對自己的體力很有自信，可能是因為睡眠不足吧。覺得好累……
睡眠不足當然會覺得疲累啊！今天就好好地休息一下吧。

如何建立良好的關係④

臉上的表情要配合談話的內容

表情要和談話內容相符

我們從臉上的表情獲取各式各樣的情報。

和別人交談時，一定要看著對方，這點確實很重要，但更重要的是「臉上的表情要配合談話的內容」。

刻意露出開朗神情，微笑地談論嚴肅或悲傷的話題，就算只是想讓氣氛輕鬆點，但看在別人眼裡，只會覺得你不是個可以信賴的人。

為了贏得對方的「好感」，除了體貼對方的心情，發自內心自然流露的表情更是最好的利器。

發自內心的微笑，才是最自然的笑容

「笑容」是最基本的工夫。俗話說：「皮笑肉不笑」，雖然嘴角會下意識地上揚，擠出笑容，但流露出來的眼神卻不是那麼回事，畢竟眼部的肌肉光靠意識是很難控制的。

最重要的是，**有著能夠展現溫暖笑容的心情**。

以包容的心接受對方，這般心情自然會呈現在臉部表情上。

相信對方看到你的真誠笑容，也會不自覺地微笑。

因此，當聊到開心的話題時，一定要讓對方看到你最開朗的笑容。

適度地眼神交會就行了

雖說交談時，看著對方是基本禮貌，但直盯著對方瞧，反而讓人覺得有壓迫感。

「跟隨」之一的技巧，便是適度地眼神交會。

基本上，就是下意識地配合對方眼神的高度，也要避免窺看似地瞅著對方，眼神以落在對方的鼻子一帶為佳。

已經建立了良好的關係

引導對方朝特定的方向前進 ～導引～

何謂真正的溝通？

與人交談時，邊觀察對方（＝度測），邊使用「映現」和「複誦」配合對方的步調（＝跟隨），慢慢地與對方建立「信賴關係（＝良好的關係）」，相信大家對這些程序應該都很瞭解才是。

接下來要慢慢地引導對方到更好的狀態，稱為「導引」（Leading）。

在說明導引前，我們要先確認是基於什麼目的和別人溝通。

所謂真正的溝通，就是「給予對方一些影響，產生好的變化」。朋友之間傾訴煩惱、夫婦、情人之間的交談，與客戶洽商、諮商等，全都是想著對方的事，希望對方的情況能變得更好。

若與對方已經建立了「信賴關係（＝良好的關係）」，接下來就要稍微施點手段誘導，讓對方能朝著他所期望的方向前進。

不過這麼做絕對不是為了操控對方的意志，也不是強迫對方，而是藉由提問和推動，幫助對方找到真正的答案以及改變的要訣，這就是「導引」。

導引必須建立於「良好的關係」上

溝通最重要的步驟常被比喻成「社交舞」。

面對第一次配合的舞伴，首先要觀察彼此的互動情況，配合彼此的步調。漸漸地達到一致時，便能信賴對方，自然地由對方帶舞，優雅地踩著曼妙的舞步。

也就是說，進行導引前，必須先建立「良好的關係」，這是必要的條件。

【溝通的步驟】

①首先仔細地觀察對方（＝度測）。

②配合對方的步調（＝跟隨）。

③建立彼此的信賴關係（＝良好的關係）。

④誘導對方朝向他所期望的方向（＝導引）。

⑤對方到達他所期望的目標。

進行導引時的要點

活用「開放式問答」才能有效地進行導引。所謂開放式問答，就是具體地提問：「什麼樣的感覺？」「該怎麼做才行？」讓對方不會只回答「是」或「不是」。活用開放式問答，能讓對方的回答更多元化。

譬如，詢問昨天去聽古典音樂會的朋友：「昨天的音樂會如何？」，也許友人只會回道：「嗯，很不錯」或是「還好啦」。像這樣的問答方式，就是讓對方只會回答「Ｙｅｓ」或「Ｎｏ」的閉鎖式問答。

相反地，活用開放式問答的效果就不一樣了。譬如這麼詢問：「昨天的音樂會演奏哪些曲目呢？」，對方也許會這麼回道：「因為是場標榜連國高中生也很熟悉的音樂會，所以都是演奏些耳熟能詳的曲目，聽起來很有共鳴感。」如此一來，便能讓對方回答的更詳細、更自由。

由此可知，不同的提問方式也會影響話題的擴展性。

千萬別使用否定句表現！

還有一點也必須注意。

那就是進行導引時，千萬不能使用會讓對方產生「討厭」、「不擅長」或是「很痛苦」等負面情緒的否定句表現。

如前所述，語言蘊含著力量。否定的語言中，蘊含著直擊人心的消極力量，而且這股強大的力量會不知不覺地發揮作用。

因此為了導引對方朝向更好的方向，最好避免說些像是「不喜歡這樣」、「還不是很上手」、「趕快解脫吧」等，比較負面的語言。

盡可能地使用肯定句表現，也是很重要的一項要點。

溝通就是給予對方他所期望的影響

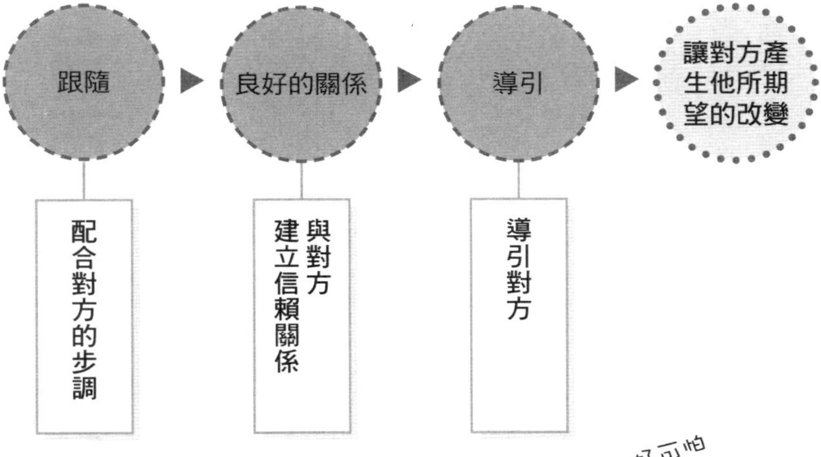

所謂溝通，就是與對方建立信賴關係，進而影響對方，讓對方產生他所期望的改變。所以盡可能地避免使用像是「討厭」、「不擅長」等否定句表現。

面對許多
聽眾時

一味地配合並不是建立良好關係的捷徑

面對許多聽眾時，該如何建立良好關係呢？

若溝通的對象只有一位，邊跟隨邊建立良好關係的方法是很有效的，但難免會有面對一大群人說話的機會。

這時就不是一味地配合對方，而是需要一股能拉攏聽眾的強大「導引」力量，以此得到對方的支持，以另一種形式建立良好的關係。

活用「停頓」的方式拉攏聽眾

這時活用「停頓」的方式也是一大要點。

「停頓」具有能夠填補腦子空白的特質。因此不是連珠砲似地說個不停，而是稍微停頓一下，讓聽眾喘口氣，整理一下思緒，才會對你接下來的話題產生興趣。

靈活運用「主觀」與「客觀」的立場

有時候，我們在表達意見時，往往會省略主詞，讓人搞不清楚這意見究竟是自己的意見還是一般人的看法，抑或是引用某個人的主張。

若想讓對方更容易理解你想表達的事，**除了表達時主詞要明確，更要懂得靈活運用主觀與客觀的立場來表達**。

即使是陳述自己的體驗或意見，若老是用「我認為～」、「我是～」之類的說法，很容易招致別人的反感。

譬如，「經過事前調查的結果，收到○○這樣的意見（客觀）。基於收到這樣的意見，我個人認為ＸＸ這麼做最適合（主觀）」。

使用「你」、「我們」等字眼，容易讓人產生共鳴

主詞用「你」也很有效。尤其面對一群聽眾時，能讓每個人感覺你是在對著他說話。其他像是「我們」這字眼也能讓人產生共鳴。最重要的是懂得使用汲取五感來表現，讓聽眾容易瞭解的語言。

因此像是美國總統的演說等，在遣詞用語上都會特別注意這些要點，格外地小心謹慎。

我們每個人都有屬於
自己的「優位感覺」。
本章就是要探究這些感覺，
介紹一些增進與人
溝通的方法。

Part 4

瞭解一些
溝通上的習慣

看・聽・感受

三種「優位感覺」的傾向

人都有所謂的「優位感覺」

我們各自以自己的「五感」為基準，捕捉事物、記憶事物、表現出來。五感是指「視覺」、「聽覺」、「身體感覺」、「嗅覺」和「味覺」等五種感覺。

然後在這「五感」中，有所謂比較敏銳的「優位感覺」。因此即使體驗同一件事，因為每個人的優位感覺不同，感受也不一樣。

在NLP中，「嗅覺」與「味覺」被歸類為身體感覺的一部分，因此是以「視覺」、「聽覺」和「身體感覺」這三類來判斷優位感覺的傾向。

也就是說，優位感覺中有「視覺優位」、「聽覺優位」和「身體感覺優位」等三種傾向。

本書分別取「視覺」（Visual）、「聽覺」（Auditory）和「身體感覺」（Kinesthetic）的第一個字母，簡稱為「VAK」。

三種「優位感覺」

這三種優位感覺各有特色，我們就從「海」這個字開始聯想吧。

由回答的方式可以瞭解一個人的「**優位感覺**」。

譬如有人會聯想到藍色的海和白色的浪花、白色沙灘、橘色夕陽西沉的美景等；有人則是聯想到浪潮聲和海灘上熙來攘往的喧鬧聲、海鷗的啼叫聲等。

有人則是回答被太陽曬得刺痛的感覺、海水的鹹澀味和海浪的味道等。

聯想到藍色大海與夕陽的人，是屬於「**視覺優位**」（V）傾向。這傾向的人擅長使用影像、想像和圖象等視覺要素，捕捉事物。

聯想到海浪聲與海鷗啼叫聲等的人，是屬於「**聽覺優位**」（A）傾向，對聲音和語言比較敏感，也很重視數據資料，習慣以此捕捉事物。

最後是聯想到太陽和海浪等感覺的人，是屬於「**身體感覺優位**」（K）傾向。這類型的人比較依感覺、直覺或直接接觸來判斷事物。

所以每個人的優位感覺不同，表達方式也不一樣。

表現方法的差異

即使看的是同一部電影，感動的表現也不一樣

「優位感覺」不同，表現方式也不一樣

依「優位感覺」的傾向不同，感受的地方不一樣，遣詞用句的表現自然也各異。

就以傾向不同的三人看同一部電影為例吧。再分別詢問三人，對於影片中的哪一幕印象最深刻。

屬於「視覺優位」（V）的人，也許會說令自己印象最深刻的是，主角站在夕陽餘暉中的剪影。

即使是同一個場景，屬於「聽覺優位」（A）的人，也許會覺得背景音樂和主角所說的台詞始終縈繞在他耳邊。

再來是屬於「身體感覺優位」（K）的人，或許會對動作戲的部分特別感興趣。

就算是表達自己「瞭解一件事」。「視覺優位」（V）的人會說：「很清楚」，「聽覺優位」（A）的人會說：「已經在我心裡迴響了」，「身體感覺優位」（K）的人，則是回道：「銘記於心」，表現方式也各不相同。

畢竟我們是用五感判斷事物，感受事物，不可能只用一個感覺來表現，而是一邊組合VAK，

一邊表現。

不過因為會先用最擅長的感覺來表現，因此即使是看同一部電影，每個人的著眼點也不一樣。就算看的是同一幕場景，感動的表現也有所差異。

另外要特別注意的是，這絕對不是依類型所做的分類。只是想讓大家明白每個人都會優先使用自己最擅長的感覺來表現。

何謂表象系統？

我們接收情報，用五感反應的方法稱為「表象系統」（Representational System），又稱為「感元」（modality）。

就算體驗同一件事，優先表現出來的感覺稱為「優勢表象系統」（優位感覺）。

接下來會分別整理「視覺優位」（V）的人、「聽覺優位」（A）的人，和「身體感覺優位」（K）的人，最常使用的表現方式和特徵。一邊進行溝通，一邊捕捉對方的優位感覺，再配合那樣的感覺，讓彼此溝通起來更順利，更容易建立良好的關係。

使用想像和顏色來表現

「視覺優位」的人的溝通傾向

依「優位感覺」的不同，表現也不一樣

從一個人的遣詞用句和說話方式，便能窺知他的優位感覺傾向。首先要說明的是屬於「視覺優位」傾向之人的特徵。

視覺優位的人習慣在腦中邊描繪影像，邊說話。頻繁地用些像是「光輝」、「閃亮」、「純白」、「尖尖刺刺的」、「明亮的」等關於顏色和形狀的字眼，擅長用「可以看見～」或是「可以想像成～」等充滿臨場感的口吻來表現。

因為影像中蘊含著顏色、形狀、大小、動作等許多情報，所以視覺優位的人為了傳達更多訊息，**說話速度也會比較快**。而且多半會伴隨過往記憶與未來影像來想像。

與「視覺優位」的人，溝通時的要點

想和「視覺優位」的人，做更深入的溝通，要點在於讓對方「有想像的空間」。傾聽者推測對方

在心裡描繪的想像，選擇能讓對方容易想像的語言來說明，或是利用漂亮的設計和圖表，讓對方更容易理解。抱持著讓對方「一看就明瞭」的原則來表現就對了。

「視覺優位」的人最常使用的表現

屬於視覺優位的人，會將看到的影像和腦中所描繪的想像轉化成語言，而且擅長使用顏色等做更豐富的表現。

＊ 看見
＊ 描繪
＊ 映現
＊ 閃現
＊ 明亮
＊ 晦暗
＊ 明確的
＊ 鮮明的
＊ 受注目的
＊ 視覺性的
＊ 洞察

＊ 和光輝相關的擬態詞
（閃亮、亮晶晶）
＊ 使用顏色來表現
（藍色的天空、金色的黎明等）
＊ 外表的表現
（光輝、透明、刺眼等）
＊ 和眼睛相關的慣用語
（眉目傳情、眼光放遠、眼裡容不下一粒沙子等）

Case1　視覺優位的人選擇洋裝

＊ 對顏色很講究
＊ 在意能否穿出自己的風格
＊ 習慣試穿，看合不合適
＊ 喜歡混搭的感覺

Case2　視覺優位的人選擇食材

＊ 選擇色彩鮮豔的食材
＊ 馬上比較價格
＊ 不會特別注意成分說明
＊ 想像用這些食材可以做出什麼樣的料理

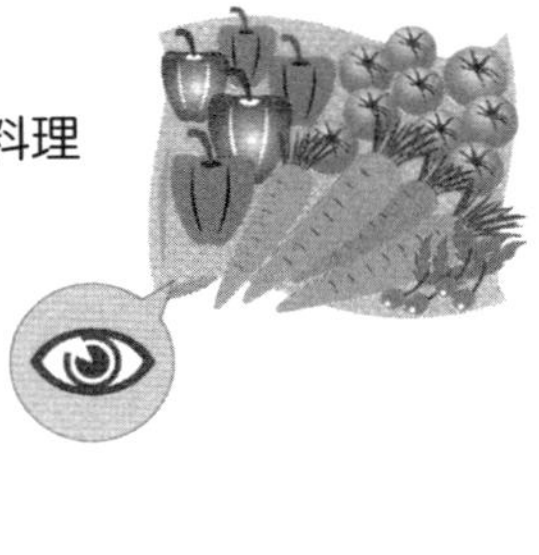

使用聲音和文字來表現

「聽覺優位」的人的溝通傾向

「聽覺優位」的人的表達方式

屬於「聽覺優位」的人，對聲音和語言比較敏感。除了比較注意聲音的部分，像是透過語言理解內容、唸出文字等方式，也是經由「聽覺」來處理情報。

這類型的人擅長用「喀嚓喀嚓」、「鏗鏘」、「嘰～」等擬聲語來形容物體發出的聲音和音量的大小，習慣用「聽得見～」或是「說～」等敘述的口吻來表現。

此外，「聽覺優位」的人會抱持比較理論的觀點看待事物，習慣邊思索邊與人溝通。能夠迅速理解對方所言，不但是個「好聽眾」，表達措辭的方式也比較謹慎，而且偏好安靜悅耳的聲音。

與「聽覺優位」的人，溝通時的要點

與「聽覺優位」的人溝通時，最好提出客觀的數據資料會更有說服力，按部就班地據理陳述也

「聽覺優位」的人最常使用的表現

屬於「聽覺優位」的人，對聲音和語言比較敏感。擅長使用語言表現自己看到的情景、印象和心情等。

- ＊聽
- ＊說
- ＊商量
- ＊說明
- ＊呻吟
- ＊囁語
- ＊節奏
- ＊聲音
- ＊音量
- ＊發言

- ＊和聲音相關的擬聲詞（嘰～、沙沙等）
- ＊表現音量大小（大聲、安靜、吵鬧等）
- ＊表現音調（高亢、低沉、悅耳等）
- ＊和耳與口相關的成語（耳聽八方、耳朵長繭、禍從口出等）

Case1　聽覺優位的人選擇洋裝

- ＊在意別人的批評
- ＊會徵詢店員的意見
- ＊對流行時尚很敏銳
- ＊會適切地表達對於色彩和形狀的要求

Case2　聽覺優位的人選擇食材

- ＊會注意印有特賣消息的廣告傳單
- ＊別人的評論也是決定是否要購買的條件
- ＊會留意店內廣播
- ＊會仔細確認食物的成分
- ＊會輕敲食材聽聲音，判斷是否新鮮
- ＊對於調理過程的聲音十分敏感

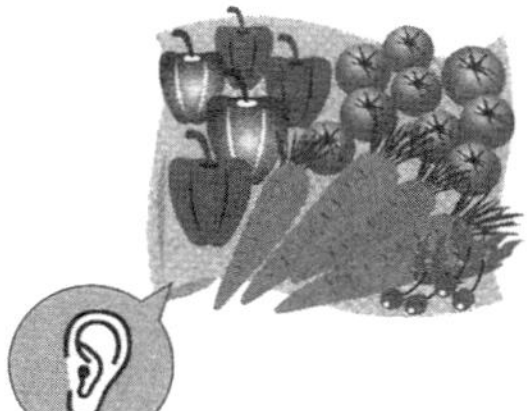

是讓彼此的溝通能更順利的要點。

此外，配合對方的音調，注意措辭也能讓溝通更順利。

使用心情和感情來表現

「身體感覺優位」的人的溝通傾向

「身體感覺優位」的人的表達方式

屬於「身體感覺優位」的人，說起話來不徐不緩，**習慣思索一下再回答**。這是因為他們會用身體感覺接收語言和體驗，玩味一下再化為語言的關係。而且藉由思索的行為能汲取更多的情報。

這類型的人**比較重視自己的感覺**，擅長用「舒服」、「悠閒」、「～的感覺」等字眼來表現。也常用「高興」、「快樂」等字眼表現情感，或是用「蓬鬆」、「硬邦邦」等擬態詞形容材質和溫度等。

此外，這類型人的肢體語言和表情也很豐富。

「身體感覺優位」的人，也擅於察言觀色，表達自己的心情。

與「身體感覺優位」的人，溝通時的要點

與「身體感覺優位」的人溝通時，最好配合對方不急不徐的說話節奏，讓對方感覺舒服，充滿

情感地表達自己的意思。如果你是業務員的話，讓對方看到實際商品，試用一下也是很有效的溝通方式。

「身體感覺優位」的人最常使用的表現

屬於「身體感覺優位」的人，比較重視自己的感覺，也擅長表現自己的感覺。不過他們會玩味一下感覺再化為語言，因此說起話來不急不徐。

＊ 感受
＊ 溫和
＊ 施壓
＊ 舒適
＊ 悠閒
＊ 緊張
＊ 放鬆
＊ 彎曲
＊ 觸摸
＊ 柔軟

＊ 關於溫度的表現
（溫暖、寒冷、變冷等）
＊ 關於材質的擬態詞
（蓬鬆、硬邦邦等）
＊ 表現心情
（高興、焦躁、不安等）
＊ 表現口感
（美味、苦澀、香甜等）
＊ 表現味道
（甜甜的香氣等）

Case1　身體感覺優位的人選擇

＊ 講究材質與彈性
＊ 講究觸感
＊ 習慣試穿，確認穿起來舒不舒服
＊ 偏愛比較有個性的裝扮

Case2　身體感覺優位的人選擇

＊ 會拿起食物感覺一下
＊ 會嗅一下味道
＊ 記得哪些食材很美味，會重複購買
＊ 想像熱騰騰又美味的菜餚擺滿一桌的情景

何謂優位感覺傾向？

瞭解自己的「VAK傾向」

你的「VAK」傾向為何？

瞭解有所謂的「視覺優位」、「聽覺優位」和「身體感覺優位」後，不妨確認一下自己是屬於哪種傾向吧。瞭解自己的優位感覺，不但能提升自我溝通能力，也比較容易控制自己的語言表現。

①回想一下最近有什麼「有趣的體驗」

回想一下最近身邊有沒有什麼有趣的事，而且要抱著沒想到會發生那種事的心情來回想。

②動筆寫下這樣的體驗

抱著想將這樣有趣的體驗分享給別人的心情，動筆寫下來。

不是在寫作文，只要用平常說話口氣寫下來就行了。

③計算VAK的表現數量

確認寫下來的表現是屬於「視覺」（V）、「聽覺」（A），還是「身體感覺」（K），然後計算一下。

④檢視自己的ＶＡＫ傾向

檢視自己所寫的短文中所使用的ＶＡＫ比率與表現特徵等。

一邊意識「ＶＡＫ」，一邊表達

每個人都有屬於自己的優位感覺，表現方法也各具特色。但為了能夠更瞭解對方，提升自己的溝通能力，必須加強優位感覺以外的語言表達能力。

如果你有寫部落格和日記的習慣，建議你在寫作時，刻意地置入「視覺」（Ｖ）、「聽覺」（Ａ）和「身體感覺」（Ｋ）。

平常觀賞影像時，也可以將所見的情景以「ＶＡＫ」表現；或是閱讀小說時，注意作者是使用什麼樣的表現，都是十分有效的練習方式。

而且不妨隨手記下有什麼令自己印象深刻的表現，或是想學習的表現。

藉由這些練習方式，可以增進詞彙的表達能力。

詞彙表達能力的提升也能成為與人建立良好關係，讓人感動的資源。

NOTES　　8月X日

今天第一次參加 NLP 研習會。
邊揉著惺忪睡眼，前往研習會的會場，
畢竟是第一次參加，只好有樣學樣地跟著做，
真的很緊張。
但卻也慢慢地產生興趣，一回神才發現已是中午用餐時間。
不但交到志同道合的伙伴，
也很興奮地期待下一次上課。

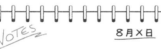

對方與自己的優位感覺

配合對方的「VAK」進行溝通

交談時盡量配合對方的優位感覺

以下是情侶N先生與P小姐的對話，試著判斷一下兩人的優位感覺。

N：「P，妳的生日快到了耶。」

P：「你記得啊！」

N：「我們找個地方，悠閒地享用一頓大餐，如何？」

P：「太棒了！要是能邊欣賞日落美景邊吃飯，一定很棒呢。」

N：「那妳想要什麼生日禮物呢？」

P：「這個嘛……我想要一條閃亮亮的鑽石項鍊。」

N：「……。不覺得鑽石感覺有點冷嗎？我以為P比較喜歡那種抱起來感覺很溫暖的玩偶……」

P：「鑽石感覺很冷？聽不懂你在說什麼。你上次不是說要找一條能配我買的那件黑色洋裝的項鍊嗎？」

N：「是、是喔……。（慘了！超過預算！）」

如何？N是以「身體感覺優位」表現，P則是以「視覺優位」表現來表達。因此P無法理解N那句「鑽石感覺很冷」的意思，對話就這樣劃下了句點。

為了能更深入的溝通，讓對方更容易理解你想傳達的訊息，一定要配合對方的優位感覺來溝通。

再來看看N配合P，使用「視覺優位」來表現的結果，又會如何呢？

N：「P，妳的生日快到了耶。」

P：「你記得啊！」

N：「要不要去看得到海的餐廳享受一頓大餐啊？」

P：「太棒了！要是能欣賞到日落美景，那就太棒了。」

N：「那妳想要什麼生日禮物呢？」

P：「這個嘛……我想要一條閃亮亮的鑽石項鍊。」

N：「我覺得P不適合像鑽石那樣感覺不夠華麗的透明寶石，比較適合粉水晶那種戴起來既華麗又高貴的飾品，才能襯托出P那雪白的肌膚。」

P：「你還真是瞭解我呢。好期待生日那天喔！謝謝啦！」

N：「肯定是非常浪漫的一天囉。（呼！幸好沒超過預算！）」

像這樣和對方用同樣的優位感覺來表現，能讓對方瞭解你想傳達的訊息。而且下意識地配合對方，才能建立「良好的關係」。

就算是長年相處，早已建立「信賴關係」的夫妻，也會因為不瞭解彼此的「優位感覺」而迭起爭執。所以瞭解對方的「優位感覺」，能讓溝通變得更順利。

通用字彙

讓對方擴展想像空間的表現方法～通用字彙～

善用「VAK」表現

對象只有一位時，可以邊度測邊捕捉對方的優位感覺，選擇讓對方容易理解的表現方式。

但如果面對的是一群人，無法捕捉對方的優位感覺時，又該如何表現呢？這時就要善用「視覺」、「聽覺」和「身體感覺」來表現。

譬如，表現「海」的情景時。

「我漫步在清晨的海邊，仰望美麗清澄的天空，腳下的白色沙灘還帶著一股沁人的涼意。一波波的浪潮聲中夾雜著從遠處傳來的海鷗叫聲。舒服的風吹來陣陣潮香。」像這樣善用**「視覺」**、**「聽覺」**和**「身體感覺」**來表現，不但能讓更多人理解，也讓自己的表現變得豐富。

活用「通用字彙」擴展想像空間

如前面所述，讓對方產生具體印象，不但溝通起來更順利，還能導引對方朝向自己所期望的方向。

這時就要使用和對方的優位感覺無關，讓傾聽者能夠自由想像的「通用字彙」來表現。

所謂「通用字彙」（universal word），**就是傾聽者可依自己的體驗和感覺來解釋的語言。**

譬如，每個人對「幸福」這字眼的想像都不一樣。

屬於「視覺優位」的人，腦海中也許會浮現和心愛之人一起觀賞美景的畫面；「聽覺優位」的人，或許會覺得沉浸於溫柔的海潮聲中是最幸福的事；「身體感覺優位」的人，也許會想像自己泡在熱呼呼的溫泉中。

活用通用字彙讓對方自行想像，溝通上便不容易發生誤會或摩擦。

其他像是「體驗」、「思考」、「最棒」、「美麗」、「自由」和「愛」等字眼，也是屬於通用字彙。

Check對方的視線！

從視線動向瞭解對方的想法～眼睛解讀線索～

視線動向透露什麼訊息？

怎麼想就是想不起來某個明星的名字或數學公式時，視線會不自覺地往上瞄，是吧？就像不會有人視線朝下地訴說夢想；感覺悲傷、情緒低落時，視線不會朝上的道理是一樣的。

除了看東西時會移動，思索一件事、想像一件事時，視線也會移動。視線會因應當下的感覺來移動，而且從中可以發現許多特徵。

有學者認為世界上每個人都具有這些特徵，這是原本就存在於人類腦中的一種程式。

在NLP中，將觀察視線動向一事，稱為「視線解析」，或是「眼睛解讀線索」（Eye Accessing Cue）。

由班德勒博士創立的美國NLP協會主席約翰拉巴由（John la Valle）認為，這個說法的正確率為八十～八十五%。

進行度測時，要特別留意對方的視線動向。附帶一提，左撇子的人會出現相反的反應。

Eye Accessing Cue的「Cue」是指線索，意即視線動向可作為瞭解對方想法的線索。

「VAK」與視線的關係

藉由「視線解析」，可以瞭解對方是否看到什麼圖象或影像、是否聽到什麼聲音、是否感覺到什麼。

再深入一點觀察的話，便會發現對方的習慣視線，可依此判斷對方的優位感覺。

具體來說，視線往上移動時，表示正在進行「視覺」的想像；水平移動時，表示意識到聲音的「聽覺」傾向；向下移動時，表示在和「自己的內心對話」或是正處於「身體感覺」狀態。

其實看視線往左還是往右，也能推測對方是在搜尋記憶，還是在想像什麼還沒體驗過的事。

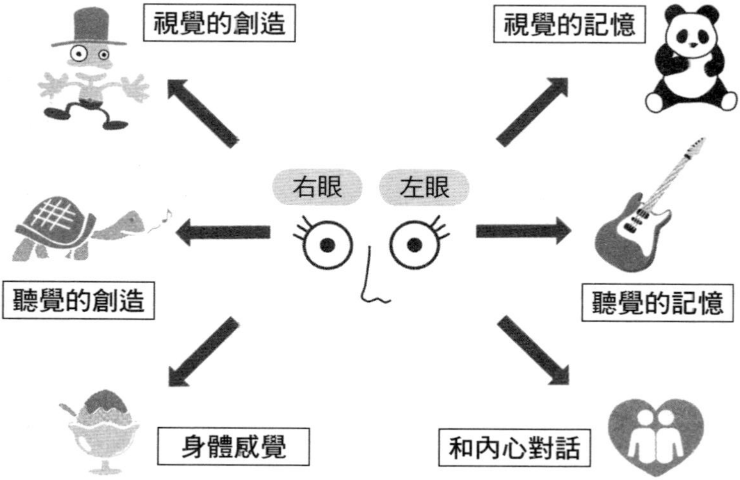

視線解析①

視線向上移動，表示正處於「視覺」狀態

視線往左上方移動，表示「視覺的記憶」

當別人問你：「昨天穿什麼顏色的洋裝？」或是「請想像貓熊的樣子」，正在思索答案的你，視線會往那個方向移動呢？大部分的人應該都會往左上方吧。

視線往左上方移動時，**大抵正處於視覺性的想像狀態**。

也許會想起自己昨天穿什麼樣的洋裝，也或許腦中會浮現貓熊的樣子。總之就是處於一邊搜尋過往體驗和已經置入腦中的記憶，一邊想像的狀態。

這時不要一個勁地質問對方，給對方一些時間搜尋記憶，找出答案。

附帶一提，回想事情時，視線往左上方移動會比較容易想起來。下次進行記憶力測驗時，不妨試試看。

不過這方法對於像是自己的手機號碼等，這類經常得回想或掛在嘴邊的事，比較沒什麼效果，但對於投宿的飯店房號、昨天晚餐的菜色等，一時之間想不起來、說不出口的事還蠻有效果的，請

務必試試。

視線往右上方移動，表示「視覺的創造」

若有人問你：「假設你住在月球，抬頭仰望銀河時，會看到什麼景象呢？」或是「請想像一下身上顏色是黃色和粉紅色的貓熊」，這時你的視線會如何移動呢？應該是往右上方移動，是吧？

視線往右上方移動時，**表示正在創造什麼樣的視覺想像**。

譬如想像從未經驗過的事，或是想像、影像化未知的事時，視線大多是往右上方移動。

假設你將來想開間咖啡館，視線不妨往右上方移動，想像未來光景，也許可以更具體地想像店內的外觀和陳設、客人坐在店裡喝咖啡的樣子、工作人員忙進忙出的模樣。若能具體想像，表示你離目標又更近一步。

此外，視線的方向也代表一個人面對的方向。所以溝通時，追著對方的視線準沒錯。

視線解析②

視線往旁邊移動，表示正處於「聽覺」狀態

聲音和語言是屬於「聽覺」情報

視線往「旁邊」移動，表示正處於「聽覺」狀態。

除了聲音和旋律，語言也是屬於聽覺情報的一種。聽到別人說話時，視線是呈水平移動。譬如口譯人員進行口譯時，視線大多是往左右兩邊移動。

視線往左移動，表示「聽覺的記憶」

如果有人問你：「以前都是聽什麼樣的音樂？」或是「你的手機答鈴是什麼旋律？」，這時視線大多會往左邊移動。

視線往左邊移動，表示正在回想已經知道的聲音。此外，思索該如何表達時，也會露出這樣的視線。

譬如想要宣布什麼重要事情，卻一時想不起來時，不妨善用視線解析的特徵，將視線往左邊移動，也許就能想起來了。

當對方的視線往左邊移動時，最好配合對方，使用「聽覺優位的人常用的語言」來提問，肯定能讓彼此的溝通更順利。

視線往右邊移動，表示「聽覺的創造」

視線往左邊移動，表示正在回想已經知道的聲音和語言，那麼視線往右邊移動，又是代表什麼意思呢？

視線往右邊移動，**表示正在創造什麼聲音**。

想像一下壽司店師傅用法語介紹壽司，聽起來會是什麼樣的感覺。或是想像恐龍高唱「兒歌」又會是什麼樣的感覺？想像這些事時，視線會不自覺地往右邊移動。

視線解析
③

視線往下方移動，表示正處於「身體感覺」狀態或正在和「內心對話」

視線往左下方移動，表示正在和「內心對話」

視線往「左下方」移動，大多表示正在和「內心對話」。

譬如有人這麼問：「舉出你最尊敬的三位歷史人物？」，這時你會開始在腦中思索：「這個嘛……一個是織田信長吧。再來是伽利略，巴斯德也不錯……等等，拿破崙好像也是耶……」這時視線會不自覺地往下方移動。

也就是說，你正陷入思考狀態，正在和內心對話。

若對方陷入這樣的狀況時，不妨給對方一點時間，讓他稍微整理一下思緒。

假設對方遲遲無法做出結論，不妨建議對方：「稍微往上面看一下」，也許能發想出什麼新的思維。

視線往右下方移動，表示處於「身體感覺」狀態

提出屬於身體感覺傾向的問題時，會發現對方的視線往右下方移動。

像是想像從未體驗過的事，或是回想過去的某個感覺等，都是屬於「身體感覺」傾向，這時視線會往右下方移動。

譬如，「大口吃刨冰是什麼樣的感覺？」或是「赤足走在盛夏的海灘上，是什麼樣的感覺？」等一般人都有過的經驗，或是回想高興、憤怒時的情緒，抑或是想像「處於無重力狀態下會是什麼樣的感覺？」之類，不太能夠體驗到的感覺，這時視線大多會往右下方移動。

活用「視線解析」

像這樣透過「視線解析」，可以瞭解對方的想法和感覺究竟是基於體驗還是想像。

其實觀察上電視受訪的政治人物在表達自己的看法時，視線是朝哪個方向，也是件有趣的事。

不妨仔細觀察自己在思索一件事時，視線會朝哪個方向；或刻意朝向每一個方向，觀察自己對於什麼樣的情報比較敏感，這也是頗有趣的事。

PNL

不管是面對情緒低落的人，
焦躁不安的人，
還是讓自己倍感棘手的人……。
本章介紹一些與人溝通的技巧，
讓你面對任何類型的人，
溝通起來都能得心應手。

Part 5

你也可以成為溝通高手！

改變自己的看法

改變別人，不如先改變自己

如何應付讓人敬而遠之的「棘手類型」

與人初次見面時，會有所謂的第一印象。譬如這個人感覺很不錯、長得很像某位明星、看起來年紀好像比自己大，或是聲音很好聽之類，當然難免也會遇到那種讓人敬而遠之的「棘手類型」。

「我對這類型的人最沒輒了」之所以會這麼判斷，表示你正在運作根據過去經驗而建立的程序。問題是，今後得跟對方一起工作，該如何是好呢？

好不容易想打起精神努力工作，一想到要和對方共事，頓覺心情沈重。

其實就算關係熟稔，也有那種「就是和自己不對盤」的人，像是什麼事都要管的囉唆上司或長輩。只是有點不知如何和對方相處倒也還好，就怕因此造成精神上的壓力，搞得自己身心失衡。

究竟該如何與這類型的人相處呢？

其實不需要花心思分析對方令人棘手的性格和行為，也不用煩惱該如何與這類型的人相處。為什麼呢？因為在NLP中，有幾招能夠瞬間解決這些問題的方法，後面章節會介紹一些具體方法，總之，要消除「棘手意識」所衍生出來的負面思維，千萬別被這些負面思維耍得團團轉。

當然，使用NLP的技巧，也不是不可能改變對方。然而與其改變他人，不如先改變自己來得更有價值。

只要讓自己不再對別人感到棘手，便更能朝向自己所期望的人生邁進。

改變自我觀點，讓視野變得更廣闊

請看下方的圖。這幅畫有趣的地方在於只要改變一下觀點，便能看到杯子和人的側臉。

瞬間便能發現兩個圖像，其實是有祕訣的。

面對「討厭」、「棘手」的對象，並非消極地不理不睬，只要改變一下觀點，便能發現不一樣的世界。

像這樣改變自我，拓展視野，永遠不嫌晚。

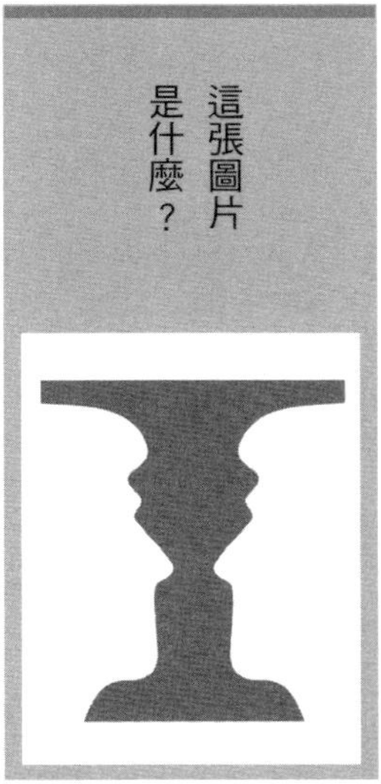

把自己想成酒店的媽媽桑

學習包容對方的缺點

視對方的缺點為優點

「我這個人就是太優柔寡斷，真的很糟糕！」當朋友抱怨自己的缺點時，你不妨這麼安慰對方：「因為你是那種想得很周全，個性很謹慎的人啊！」

同樣一件事，只要換個正面的說法，便能讓對方覺得自己受到讚美。同樣地，只要改變對事物的看法，便能將束縛自己的「缺點」變成「優點」。

這手法在NLP中，稱為「**換框法**」（Reframing）。

酒店的媽媽桑便是運用此法的箇中高手，不妨參考一下囉。

她們面對身材微胖的客人，會讚美他們「很有老闆的架勢」或是「看起來很可靠」之類。

不管對方是否覺得這是自己的缺點，總之給予正面評價，就會讓對方覺得受到稱讚。

藉由「讚美」拓展機會

受人稱讚是件開心的事，甚至會讓人萌生努力向上的積極念頭。只要肯努力，自然能爭取到更多機會。

相反地，認為自己一無可取的人，只會變得更消極，什麼都不做便選擇放棄。

也許這樣的說法有點誇張，然而語言的表達方式往往能左右一個人究竟是積極向上，還是放棄自我，從此過著晦暗人生。

面對「急性子」的人，不妨這麼讚美他們：「因為你們很講究效率的關係」；面對「工作老是慢半拍」的人，不妨這麼鼓勵他們：「因為你們做事講求完美嘛」，這樣讚美的話語，在溝通上一定會發揮莫大效用。

同樣地，面對不是自己所期望的行為和環境時，藉由「換框法」改變想法，能讓自己的心情一下子放鬆不少。

藉由「換框法」改變觀點

當對方情緒低落，說了些消極的話語時，善用「換框法」，鼓勵對方就對了。藉由「換框法」改變觀點，幫助對方轉換心情，積極面對人生。

換上別的框架

改變觀點才能更有彈性地應對
～換框法～

何謂「換框法」

我們習慣用主觀意識看待任何事物，這般看待事物的觀點就稱為「框架」。

即使面對的是同一件事，只要藉由換框便能看見完全不同的風貌。

舉個例子說明，這是關於一位非常愛乾淨的婦女的故事。

愛乾淨是件好事，但這位婦女常會因為一點髒汙，就不高興地發脾氣。為了不觸怒她，全家人深怕家裡有任何髒汙，每天因此都過得戰戰兢兢的。

後來有位心理治療師對她這麼說：

我對戴眼鏡的人最沒輒了
果然是個討厭的傢伙
其實戴眼鏡的人也挺不錯啊
沒想到人挺好的嘛！

「如果妳想活在連一點灰塵也沒有的屋子裡，那麼妳周遭就不能有任何人，這真的是妳想要的生活嗎？家裡之所以會有腳印和手垢，是因為有愛妳的家人和朋友圍繞在妳身邊的緣故，不是嗎？」

後來這位婦女發現屋子髒了的話，只要打掃一下就行了。從此和家人的關係也變得融洽多了。

像這樣改變觀點，改變想法（框架）的作業，稱為「換框法」。透過別的觀點捕捉事物，跳脫既有框架，便能激發潛能和創意。

藉由「換框法」，看見自己的優點

即使面對的是同一個人，藉由「換框法」，看待對方的態度也會變得不一樣。

一旦將對方套上「棘手的類型」這般框架時，便只會注意對方讓自己感到「棘手」的部分。不妨換上「談得來」這樣的框架，自然就會注意到對方的優點。

若能注意到對方的優點，便會對對方的事產生興趣，就有機會建立更好的關係。

個性太頑固的人，是無法順利進行「換框法」的，因此平常就要養成由不同角度看待事物的習慣。

換框法

「狀況換框法」與「內容換框法」

兩種「換框法」

面對老是鑽牛角尖，淨說些消極話語的人，藉由傳達另一種看法（＝換框法），可以幫助他轉換心情，積極面對人生。

換框法大致分為「狀況換框法」和「內容換框法」兩種。

「狀況換框法」是指將會引發某種特定行為的狀況，改變成讓這行為能夠發揮功能的狀況；「內容換框法」則是在不改變狀況的原則下，說些對當事者而言，有著肯定意味的話語。

「換框法」也適用於自己

無論是「狀況換框法」還是「內容換框法」，不但適用於與別人溝通，對自己也很有效。

當你感嘆「為什麼總是不順利？」或覺得「心情鬱悶」時，不妨想想自己之所以這麼做，一定有著什麼正面積極的意義，也許就能得到新的體悟。

何謂「狀況換框法」？

先說明一下什麼是「狀況換框法」吧。

所有行為都有其「肯定的意圖」，一定有派上用場的時候。

「狀況換框法」就是將焦點放在讓這行為加分的狀況。

也就是說，就算是同一種行為，只要能注意到這行為的優點，便能找到能讓這行為發揮功能的場所或環境。

譬如，面對「情緒容易亢奮、容易得意忘形的人」，不妨對他說：「和你一起去唱歌，一定很開心」，讓對方知道自己的行為有著能夠發揮功能的場所。

狀況換框法

「狀況換框法」就是幫助對方找到能讓自覺不妥的行為，有所發揮的場所或環境。譬如面對情緒容易亢奮、容易得意忘形的人，就要聚焦於能讓對方發洩情緒的狀況。

面對情緒容易亢奮、容易得意忘形的人

↓

「和你一起去唱歌一定很開心」

何謂「內容換框法」？

相較於「狀況換框法」是對於同一個行為，從不同的狀況和立場捕捉出不一樣的想法；「內容換框法」則是在不改變狀況的原則下，捕捉出事物不同的狀態和意義。

譬如，聽到對方苦惱地說：「總覺得最近做什麼事都提不起勁」，不妨這麼安慰對方：「就當現在是充電時間吧。」

同樣地，若覺得「什麼都做不好」，經過換框後，便能抓到「現在正是養精蓄銳的時候，為日後的出發做好充分準備」這樣的正面意義，積極地迎接光明未來，以輕鬆的心情面對現況。

姑且不論對生活是否有實際助益，面對體格壯碩的人，不妨這麼讚美：「看起來很有老闆的架勢呢」，像這樣在小酒吧習以為常的對話，也是屬於「內容換框法」的一種。

內容換框法

「內容換框法」就是在不改變狀況的前提下，試著改變對方的意識和內容。

面對很在意自己是個胖子的人

↓

「看起來很有老闆的架勢呢！」

哪裡不一樣

「換框法」不等於「積極的想法」

「積極的想法」與「換框法」的差異

進行換框法時，有一點要特別強調，那就是「換框法」不等於「積極的想法」。

積極的想法是將消極的事物，予以「單純地否定」、「覆蓋掩飾」或「無視它的存在」。

說得更具體一點，像是「（就算沒什麼根據）我一定沒問題的」、「反正人家說失敗為成功之母……」、「就算不成功，也無所謂啦」等，這些乍看之下很正面，其實潛藏著一些會影響未來的危險想法。

相較於此，「換框法」則是改變觀點，換個

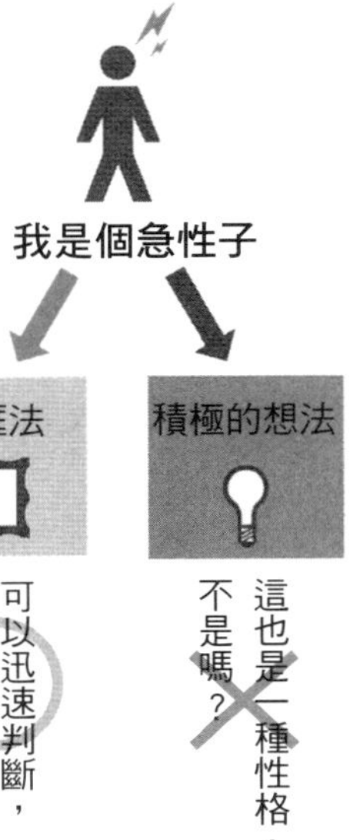
換框法
可以迅速判斷，讓工作更順利！

不同的框架看待特定行為。

也就是說，依聚焦的地方不同，解釋也不一樣，找出對自己而言，最能發揮、最符合自己所期望的觀點和框架，並加以活用。

換框法也適用於過往發生的事

換框法不僅適用於眼前的麻煩與煩惱，也能活用於過往發生的事或體驗。

譬如，有「小時候爸媽因為忙於工作，疏於照顧，讓我覺得很寂寞」這樣的記憶。

試著將這記憶換個框：「正因為父母不囉唆，採取開明的教育方式，才能培養出我這般獨立自主的個性，不是嗎？」或是「因為父母經常不在家，所以我更懂得珍惜和家人相處的時光」。

不管面對什麼樣的人（或是面對自己），不管面對的是過去還是現在，只要改變一下觀點，便能找到事物的光明面。

而且換框法的觀點不只一個。

同一件事反覆進行三次以上的換框法，還能讓自我表達的詞彙變得更豐富。

雖然沒什麼根據，但就是覺得我一定沒問題
難道我錯了嗎？
嗯……

換框法的特徵

換框法幫助你建立良好的人際關係

活用換框法讓人際關係變得更好

善用換框法，不但能幫助對方激發新的想法，也能讓自己的人際關係變得更好。

「和他聊聊，就覺得有精神多了」試著想想自己身邊是否有這樣的人。當你有困難時，他們會主動關心，而且是那種個性開朗又積極的人。

雖然別人不願意說的話，不必勉強他說出來，但別人若真有什麼難處的話，還是應該主動關心。邊進行度測，邊營造一個能讓對方安心傾吐心事的環境。

學習當個換框達人

同樣地，當你面臨困境時，也要懂得向別人傾吐。活用「換框法」，努力找出創造美好未來的新觀點，讓自己走出困境。

當自己走不出框架時，不妨詢問一下別人的意見。若能激發出新的想法，對彼此而言都是再好不過的事。

而且想讓對方瞭解換框的內容時，不是一味地主張：「也有這樣的看法」或是「我覺得這樣的想法也行得通」，而是透過交談讓對方自然地瞭解一切，這樣溝通起來才會順利。

化危機為轉機！

俗話說：「化危機為轉機」，活用換框法就是幫助你化危機為轉機。

面對「危機」的瞬間，只要換個想法，便能以積極的心態看待事物。

就像伊索寓言裡「蝙蝠」的故事，如果能這麼安慰同時被鳥類和走獸討厭的蝙蝠：「其實你同時擁有鳥類和走獸的優點，只要肯瞭解他們的心情，就不會被排斥了」這樣結果也許就會有所改變。

再舉一個身邊常見的例子。利用換框法，將覺得「這個人很小氣」的看法，轉換成「他可以幫公司節省一些無謂的支出」。

能這麼思考，便能將危機化為轉機，開創更多機會。「換框法」的好處之一，就是讓你的想法變得更富有彈性。

不過千萬別忘了換框法最根本的意義，那就是「**這樣的換框法真的有效嗎？**」。

不單是自己受惠，也要確認周遭人和環境是否也處於令人滿意的狀態才行。

另一種方法

有技巧的表現幫助對方掙脫泥沼

有技巧的表現，導引對方朝向他所期望的方向

「我既沒什麼才能，也得不到幸運之神的眷顧，算了，不管變得怎麼樣都無所謂了」若有人在你面前這麼發牢騷，你會如何回應呢？

也許你會這麼回應：「別這麼說，你也有很多優點啊！」當然這也是一種說法。但就怕當事人根本聽不進去，也無法坦率地接受你的好意。

「你要這麼想也可以啦！不過就算變得怎麼樣都無所謂，也能讓自己過得很幸福呀！」若是這麼安慰對方呢？

先肯定對方那句「不管變得怎麼樣都無所謂」，再導引對方往光明面思考，這回應「很有技巧」，不是嗎？

像這樣有技巧地稍微改變對方執念的說話方式，在後面的後設模式還會提到。總之，最重要的就是剝除對方內心的某種束縛。

Image change!

面對棘手之人，試著改變對他的印象吧！

改變對他的印象，就不再覺得棘手了

就算再怎麼努力，還是不曉得該如何面對老是叨唸不停、破口大罵的上司，真的很痛苦，這時該怎麼辦呢？

雖然運用「換框法」也很有效，但這裡要介紹另一種有趣的方法，不妨試試吧。

試著將上司那叨唸不停的聲音想像成鴨子的「嘎嘎」叫聲。

再來試著想像他整個人變成只有巴掌大的小玩偶。

這麼一來，對他的印象是不是改變了呢？應該不再覺得他很恐怖才是。

面對讓自己感到恐懼的人，往往只會聚焦於他的恐怖之處，搞得自己不知如何是好。

不妨運用這方法改變對他的印象，只要對方成了不再令你害怕的

東西，也就不再覺得面對他是件棘手的事了。

何謂「次感元」？

必須利用將「表象系統」（參考第101頁）的視覺、聽覺和身體感覺細分成更小的元素，才能改變對方的樣貌、聲音和觸感等。

這個細小的要素就稱為「次感元」（Submodalities），次感元一改變，便能改變你對對方的印象。

如何調整對他人的印象

明亮、大小、顏色等（屬於視覺要素），聲音的大小、旋律、聲音的清晰度等（屬於聽覺要素），溫度、重量或壓力、光滑程度（屬於身體感覺要素）。各有各的評量標準，可自由調整變化出不同的狀態。

這些項目不僅可因應對象增減、產生類比的變化，也具有開放、閉鎖、彩色、黑白等數位變化的元素。

先來做個練習吧。腦子裡浮現讓自己感到棘手的人的模樣，試著調整印象中對方的各種元素。

譬如對方一向大嗓門，就想像他的音量變小；離你很近，就想像他離你稍微遠一點。

如此一來，便能改變你對他的印象。

想像自己是格列佛

克服對他人的恐懼

想像自己比任何人都大

面對比自己地位高的人、老是囉唆責罵不停的上司，或是頻頻抱怨的客戶時，頓時覺得自己變得好渺小，只能戰戰兢兢地應付。不少人應該或多或少都有這樣的經驗吧。

這裡介紹一個讓你面對任何人，都不再畏怯的方法，而且非常簡單。

那就是想像自己是小人國遊記裡的格列佛。

只要想像自己變大了，對方在自己眼中就只有米

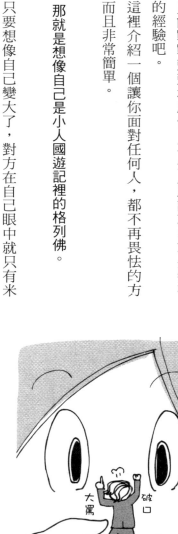

粒般大小。這麼一來，不但不再覺得對方很恐怖，搞不好還會覺得對方變得很可愛。

藉由想像改變人際關係

面對棘手的人，不管是想辦法「改變對方的容姿和聲音」，採取「想像自己變大的方法」，還是乾脆避免與對方直接接觸，也只能改變次感元，想像站在面前的對方或自己有所改變。

問題是，光靠想像真的有效嗎？也許有人這麼存疑。

不過基於大腦無法區分「想像」與「現實」的基本原則，便能證明這些方法確實有效。

或許有人覺得改變對方的樣子、想像自己變大的方法等，對別人有些失禮。

與其不曉得該如何與對方相處，不如忠於自我感覺，與對方對等地溝通，才能讓自己徹底放鬆，也才能與對方建立更良好的關係。

總之，親身實踐就對了。才會知道哪一種方法能幫助自己克服人際關係的障礙。當然，這些方法都可以靈活運用，自由搭配。

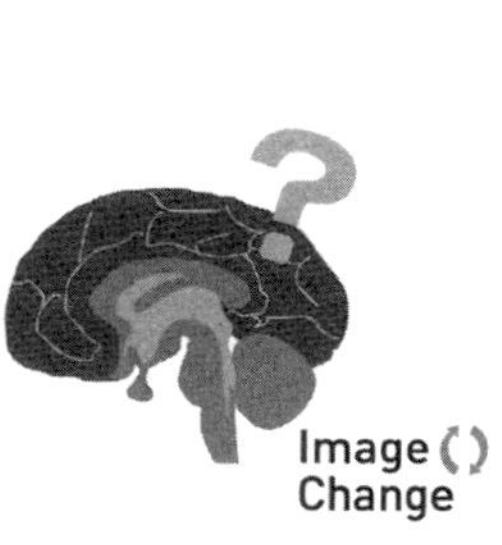

關於思考

瞭解對方的思考模式與行為模式

～後設程式～

創造思考模式與行為模式的程式

每個人的思考模式都不一樣，有些人神經比較大條，有些人思慮比較縝密。行為也是，有些人屬於積極的行動派，有些人則顯得比較被動。

像這樣每個人都有屬於自己的既定思考模式與行為模式，稱為「後設程式」（Meta Program）。

一如「Meta」是「在～之上」的意思，我們的思考與行為取決於非常精密的程式。每個人都有屬於自己的後設程式，依此判斷事物、生活。

接下來要介紹幾種後設程式，但並不代表所有人的行為都適用於這些模式。

所謂後設程式，就是我們將接收到的各式各樣情報，用各種方式分類、判斷、感受和處理的過程，它不是一種固定的東西，是具有可變化性的。

後設程式的基本類型

在此列舉幾種後設程式的類型。

因為舉例有限，不妨想想還有其他什麼樣的後設程式吧。

●基準（標準層級）

將自己的價值觀排列一下順序。

譬如將「愛」、「自己」、「成功」、「朋友」、「家人」、「工作」等價值觀排列一下順序，會發現每個人排列出來的結果都不一樣。

●方向（面對／逃避．遠離）

選擇面對目的與目標的人，以及選擇逃避的人。

【選擇面對的人】➜一旦決定，就會以此為首要目標（擁有目標）。

【選擇逃避的人】➜一旦決定，將此視為一筆額外收入（一種報酬）

●目標（樂觀的／悲觀的／完美主義／懷疑主義）

【樂觀的】盡自己所能去做就對了。容許自己犯錯。

【悲觀的】反正怎麼做都不會成功，乾脆放棄算了。一直不肯原諒自己的錯誤。

【完美主義】不斷鞭策自己向上，也不容許自己犯錯。

【懷疑主義】不相信目的、目標有何價值。

●確信的策略（管道CHANNEL／頻率MODE）

比較相信看、聽、閱讀、體驗中的哪一種方式？（管道CHANNEL），要進行幾次才會相信？（頻率MODE）。依兩者的不同，後設程式也不一樣。

●處理單位（綜觀化／細分化）

綜觀全局，掌握情況的人，以及習慣細分化，進行分析的人。

【大綱化的人】↓這個企劃的大綱是……。

【細分化的人】↓這個企劃有五大要點，首先介紹第一個要點……。

●選擇決定的策略（感覺／感情／理論）

【憑感覺】瞬間做出決定（不管有沒有價值）。

【重感情】會視隱藏在事物裡的緣由和情景來做決定。

【重理論】客觀分析檢討後，做出決定。

●手段（並行型／連續型）

能夠同時處理很多事的人，與習慣一次處理一件事的人。

【並行型的人】➔同時準備晚餐和打掃房間。

【連續型的人】➔先打掃完房間，再準備晚餐。

●原則的構造（自己／他人／沒有）

【自己】習慣將自己的原則強加於他人身上

【他人】會回應他人的原則和期待

【沒有】不受任何原則束縛的人

●動機（必然性／可能性）

追求生活與人生必然性的人，與追求可能性的人。

【重視必然性的人】➔認為達成目標是不可或缺的人生功課。

【重視可能性的人】➔只要能夠克服這個難關，便能突飛猛進。

●時間軸（適合性／差異性）

容易沉浸在過往回憶的人，和比較重視現在與未來的人

【過去】那時的業績真的很亮眼呢。

【現在】每天都很努力。
【未來】之後的發展很令人期待呢。

行動（主動／被動）

【主動】積極的行動派，但也容易出錯。
【被動】待周遭有所動靜才出手，但容易漏失機會。

商品價值（價格．便利．信賴．種類）

想購買什麼商品、是否在意價格、是否在附近商店就買得到、店家的信用度、店裡的商品種類是否齊全等。

想買的商品種類不同，考慮的條件順序也會跟著改變，不是嗎？

後設程式的例子不勝枚舉，種類也很多變。
在每個人的內心交相排列組合，造就出各式各樣的個性。
藉由觀察對方的「後設程式」，決定如何與對方相處，如何與對方建立信賴關係。
如此一來，便能預測對方的思考模式與行為模式，做好如何應對的準備。

PNL

本章介紹所謂
真正的溝通，
也就是能夠誘發
對方的本質，
讓對方能力
有所發揮的「溝通術」。

Part 6

誘發對方能力與本質的溝通術

為何不能問「為什麼」

聽到別人問「為什麼？」時，就會本能地思考藉口

聽到別人問為什麼，就會開始思考藉口

因為玩過頭忘了寫作業，結果被老師和爸媽責備：「為什麼沒寫作業呢？」你我小時候或多或少有過這樣的經驗。

一般人面對這般質問時，會本能地開始找藉口，像是「因為和某某人一起玩」或是「某某人也沒寫啊」之類。

聽到別人問：「為什麼？」時，我們就會本能地找藉口。

意即無關乎別人問些什麼，就是會想辦法找理由。

而且因為音調和口氣的關係，有時候還會讓對方有種「被斥責」的感覺。

「不會否定」對方的提問法

「為什麼？」這句話，不僅會讓對方找藉口，也帶著一種否定對方的語氣，這點一定要注意。

譬如，來不及準時出席重要會議時，上司當著一堆同事面前以嚴厲地口氣質問；「為什麼遲到？」

這時，這句話聽起來就有「你真是個無可救藥的傢伙（竟然遲到）」的意思。

這麼一來，被質問的人不但會覺得很沮喪，也會感到很羞恥，甚至惱羞成怒也說不定。而且在這種情況下得到的答案多半是藉口，很難找到比較正面的解決辦法。

那麼，遇到這種情況時，該如何提問對方呢？

像是「怎麼了？」這字眼，聽在對方耳裡，有種「是因為什麼緣故才遲到嗎？」的感覺，不是一下子就否定對方。

先認同對方的存在，再聚焦原因與過程。

不是問對方：「為什麼？」（Why），而是問對方：「怎麼了？」（How），這是讓彼此溝通起來更順利，促進人際關係更和諧的要點。

這方法適用於提醒別人做什麼，或是斥責部屬和小孩時。

何謂 beliefs

打破束縛自我的「迷思」

「beliefs」也會束縛自我

我們對於自己的行為、性格和看待事物的方法，往往會產生：「我是個很努力的人」或「我老是失敗」這般偏頗的想法。

也許是我們自己這麼認為，也或許是因為父母或上司曾對我們說：「你真的很努力」或是「你怎麼老是失敗？」」，因此讓我們以為自己就是這樣的人。

像這樣對自己的認知和對事物的看法，就叫作「beliefs」，也就是「信念」、「觀念」、「深信」的意思。

「抱持堅定的信念而活，是件非常棒的事」信念有著這般讚美的意味，但若被信念束縛的話，就稱不上幸福了。

若對自己有加分作用的信念，當然另當別論。

然而像「我是個很努力的人」這般乍看之下算是有加分作用的「信念」，對有些人而言，卻可能是：「雖然覺得很痛苦，還是得咬牙撐下去」，反倒成了束縛自我的原因，這時就必須去除這樣的信念才行。

去除「beliefs」的提問法

光是一句：「才沒這回事呢」，肯定沒辦法說服「老是覺得自己一事無成」的人吧。

那麼遇到這種情況時，該如何應對比較好呢？舉個例子說明。

若問對方：「到底是什麼事失敗呢？」或是：「難道你從沒失敗過嗎？」又會如何呢？

雖然對方覺得「自己老是失敗」，但也很難想像自己從來沒有成功過。因為在NLP中沒有失敗這字眼，所以面對覺得自己總是失敗的人，善用「換框法」幫助他改變想法就對了。

面對因為一再失敗而悶悶不樂的人，不妨這麼問：「對你而言，什麼是成功呢？」或是：「成功是什麼樣的感覺呢？」藉由這樣的提問，將對方的焦點導向「該怎麼做才能成功」。

其實只要提問時用點技巧，便能去除束縛對方的「beliefs」。

後設模式①

避免對方陷入自我迷思與思考停滯的「聰明」提問法
～後設模式～

後設模式好比管家婆？

難免會遇到別人喋喋不休地問：「誰說的？」「什麼時候的事？」「你怎麼啦？」「什麼？」「你是怎麼知道這件事啊？」「再說清楚一點嘛！」之類。

像這樣的提問方式，稱為「後設模式」。之所以會這麼問，除了滿足個人的好奇心之外，也能在必要時刻發揮作用。

藉由「後設模式」，可以具體化、明確化對方發言的內容，也能拓展被僵化的限制和信念。

「後設模式」唯獨沒有用到「5W1H」（Who〔和誰〕／What〔做什麼〕／When〔何時〕／Where〔何地〕／Why〔為什麼〕／How〔怎麼做〕）中的「Why」（為什麼）。

有些講述NLP的書會將「How」翻譯成「為什麼」，這是不對的。因為「後設模式」不是要導引出理由，而是要導引出過程。

「有效的提問」能夠解決問題

後設模式的「有效提問法」就是運用「是誰？」「何時？」「在哪裡？」「什麼樣的狀況？」這五大要點來提問，但絕對不是咄咄逼人的質問。

「有效提問法」的目的是**找回無意識中被省略、刪除的情報、修正被扭曲的情報，以及去除被一般化的限制**。

這不但能幫助對方用新觀點思考事物，也能發現更多的可能性。

因此除非出了什麼問題，否則沒必要用到這技巧。

也就是說，「後設模式」**是用來確認對方無意識丟出來的具體情報來源，幫助我們解決問題、去除限制的重要手段**。而且提問時，務必要配合狀況，表達得很清楚，避免咄咄逼人。

此外，也要注意提問的時機以及提問的內容。

十二種後設模式類型

「後設模式」是NLP中最早發現的模式（系統），「Meta」是希臘語，有「超過」、「在～之上」的意思。用於語言被「**省略**」、「**扭曲**」或「**一般化**」的時候。

在此依序說明十二種類型的內容，不過因為類型之間多少會有重疊的部分，因此有些資料和書籍的分類不太一樣。

再強調一點，所謂「後設模式」是藉由反覆提出各種問題，拓展對方的「beliefs」（這裡指的是會束縛自我的信念）。

後設模式 ②

找回被「省略」的情報

藉由提問，找回被「省略」的情報

溝通過程中，往往有許多情報被「省略」。這裡將如何誘發情報，更深入了瞭解彼此的提問法分成五大類。

雖然敘述時會提到一些專業用語，但這些例子都是我們日常生活中難免會遇到的狀況，所以不難想像。

針對「單純刪除」的提問法

我生氣了➡為何生氣？
那傢伙有點怪➡聽誰說的？

這是針對省略「為何～」的內容，找回情報的提問法。

而且藉由確定是「誰」說的，讓對方察覺因為自己的意見而擴大了限制。

【提問範例】是誰？什麼？具體而言是什麼？在哪裡？什麼時候？是什麼樣的狀況？

●針對「比較刪除」的提問法

你最差勁了➡和誰比最差勁？
他做得太過分了➡和什麼相比很過分？

這方法是為了確定被省略的比較對象。

讓對方察覺之所以會這麼想，純粹是出於自己的意見，而且藉由找出比較的對象，去除既有的迷思。

【提問範例】和什麼相比？／在什麼之中是最○○的嗎？

●針對「主詞模糊化」的提問法

大家都有➡究竟是誰和誰擁有？
客人這麼說的➡哪位客人說的？

這是針對主詞模糊化的內容，想要取得更具體的情報的提問法。

讓對方察覺唯有說出更具體的情報，才能擴大選擇範圍。

【提問範例】究竟是誰做的呢？

●針對「不特定動詞」的提問法

她完全無法理解↓究竟是什麼樣的情況，讓她完全無法理解呢？
他馬上就哭了↓**究竟是為了什麼事而哭呢？**

藉由這方法找出被省略的動詞（究竟做了什麼事），取得對於這行為的具體情報。讓過程明確化，對方也比較容易想出解決辦法。

【提問範例】怎麼會這樣？／是什麼樣的情況？／怎麼回事？／具體情況究竟為何？／可以說明得再清楚一點嗎？

●針對「名詞化」的提問法

母親整天心神不寧的↓怎麼個心神不寧呢？
他很粗暴↓**究竟是怎麼個粗暴法呢？**

藉由這方法弄清楚以名詞表現的事情過程。透過名詞動詞化，讓過程更明確，才能發現如何解決問題的線索。

【提問範例】究竟是怎麼個○○呢？

後設模式
③

找回被「扭曲」的情報

藉由提問，導正被「扭曲」的情報

這樣的提問法是為了找回因為偏見而扭曲的情報，共分成四大類。這裡所指的偏見，指的是束縛對方的「beliefs」（信念）。

●針對「因果關係」的提問法

不吃早餐，一整天就沒有精神➡不吃早餐與沒精神一事，有何關聯呢？
都是課長害人家心情不好➡課長和心情不好一事，有何關聯呢？

這是針對某件事成了另一件事的原因時，為了能夠取得更具體的情報，讓對方有更多選擇的提問法。讓對方察覺不見得A就是引發B這種狀態的原因。

【提問範例】究竟○○是怎麼會造成XX呢？／除了這個外，還有其他選項嗎？／你選擇這個嗎？

針對「複合性相等」的提問法

這計畫的成功，攸關世界和平➡這計畫的成功，和世界和平有何關聯呢？
她常哭，一定是覺得很寂寞吧➡哭泣和寂寞一事有何關聯呢？／你覺得寂寞時，就會哭嗎？

這是探究兩件事為何有所關聯，讓想法更有彈性的提問法。讓對方察覺A不等於B，擴大選擇範圍。

【提問範例】○○是因為什麼樣的緣故而和XX有關呢？／一直都是指這意思嗎？

針對「臆測」的提問法

你覺得很討厭對不對？➡因為什麼原因讓你這麼認為呢？
你應該知道我想要什麼➡你是從哪裡判斷我知道你想要什麼呢？

臆測有兩種：①自以為瞭解別人在想什麼②認為別人應該知道自己的想法。這方法是為了確認臆測的解釋，擴大選擇範圍。因此當然要盡可能地委婉詢問。

【提問範例】基於什麼原因會這麼認為呢？／基於什麼理由讓你這麼認為呢？

●針對「判斷」的提問法

不拼命努力的話，就達不到目標➜**基於什麼樣的基準讓你這麼認為呢？**

英國人都很愛面子➜**聽誰這麼說呢？**

這方法是為了確認對方沒有表現出來的評價和判斷基準。讓對方察覺不是因為自己這麼認為，而是因為聽到誰的意見而做出判斷，有餘裕可以修正自己的看法。

【提問範例】聽誰這麼說呢？／基於什麼樣的基準讓你這麼認為呢？

後設模式④

還原被「一般化」的情報

藉由提問，弄清楚被「一般化」的情報

所謂「一般化」是指溝通過程中，以某項體驗代表所有類似體驗。這裡要介紹三大類如何還原被一般化的情報的提問法。

●針對「概括性字眼」的提問法

我總是賴床➜難道從來沒早起過嗎？
大家都把我當白癡耍➜大家？／大家是指誰？／所有人真的都是這麼想嗎？

這是對於習慣用「一切」、「絕對」和「總是」等字眼斷定事物的表現，幫助其拓展可能性的提問法。也許和其他後設模式的分類有重疊的部分。

【提問範例】難道一次都沒有嗎？／一個人也沒有嗎？／大家都是如此嗎？／大家是指誰？／基於什麼理由讓你這麼認為呢？／總是這樣嗎？／每天都是如此嗎？

針對「必須性／可能性的語態操作」的提問法

我沒辦法再忍耐了➡基於什麼原因讓你無法再忍耐呢？／如果無法忍耐的話，會變成怎麼樣呢？／若再忍下去的話，又會如何呢？
每天早上都得八點上學➡要是不去的話，會如何呢？

這是針對限制可能性、受制於必須性的事，導引出其他選項的提問法。讓對方在不受限的思考狀態下，弄清楚究竟是否受限，從抑制可能性與能力的狀態中解放出來。

【提問範例】為何會變成這樣？／基於什麼理由讓你變成這樣？／這麼做的話，會變得如何呢？／不這麼做的話，又會變得如何呢？（as・if・frame）

針對「前提」的提問法

他如果能多幫我一點，就能做得更順利➡基於什麼理由這麼認為？
要是再多累積一點經驗，就能理解了➡為何知道我沒有累積經驗呢？

語言裡隱藏著各種前提。譬如例句中「他沒有多幫我」一事，就是個前提。另一個例子的前提則是「經驗不足」。這是當對方的思考受限時，藉由弄清楚前提的根據，讓對方察覺這樣的前提是沒有任何根據的提問法。

【提問範例】你是指○○嗎？／基於什麼理由讓你這麼想呢？／等等，可以再說明得更詳細一點嗎？

藉由後設模式拉近彼此距離

後設模式不是一味地否定對方所言，而是藉由對方的回答，讓對方自然地察覺自己的迷思，拉近彼此距離。

我們的日常對話中常會冒出許多「前提」。仔細觀察對方的話裡是否含有所謂的「前提」和「beliefs」。

米爾頓模式①

導向良性發展的對話方式

～米爾頓模式～

米爾頓模式活像口齒不清的歐吉桑

「米爾頓語言模式」（Milton Model），就是讓對方能夠充分解釋的對話方式。

雖然一般認為米爾頓模式和「後設模式」恰巧相反，但其實兩者的目的十分類似。

相較於「後設模式」是藉由弄清對方的 beliefs（信念）和世界觀的提問法，讓對方察覺自己的想法是否正確。「米爾頓模式」則是不會給予任何直接的指示，藉由對話在對方的心中構築出新的 beliefs（信念）以及一般化。

因此米爾頓模式多是使用曖昧的語言表達，猶如口齒不清的歐吉桑。

但可別小看這個歐吉桑，他可是能夠幫助對方活用的 beliefs（信念）。

運用米爾頓模式對話，能更容易地跟隨對方，導引對方，讓對方的意識混亂，幫助其活用潛意識與資源。

說得簡單一點，正因為處於曖昧狀態，對方才能做更多的解釋，也才能將促使對方產生肯定的意圖和行為的訊息輸入對方腦中。

這是將催眠大師米爾頓．艾瑞克森博士的語言模式，予以分析、系統化所建立出來的一套模式。

以比喻表現觸動對方的心

在「米爾頓模式」中，用了許多稱為「隱喻」的比喻表現，這在後面會詳述。

譬如，明明是表現「一處偌大的地方」，若用「像海一般廣大的地方」表現，會讓對方更容易理解，也更容易潛入對方的潛意識。

此外，像是直接表達某件事，卻意外地引起對方莫大的反彈。

這時運用比喻方式傳達訊息，比較能讓對方接受和理解。

「比喻表現」應用於讓對方放鬆心情的「催眠誘導」時，可說是非常有效。

米爾頓模式②

米爾頓模式的表現方法①

～違反後設模式與前提～

關於「刪除」的違反後設模式

「米爾頓模式」有各種表現方式，其中有所謂的「違反後設模式」，也就是和十二種後設模式類型相反的表現方式。

關於「刪除」的「違反後設模式」共有五種類型。

單純刪除

↓我已經知道向你要求什麼了。
↓你做的真的很棒。

這是藉由刪除主詞等字眼，讓傾聽者配合自己的體驗來填滿空白部分的表現方法。好奇心和已經做了那件事的想像在對方心中擴展開來。

●比較刪除

↓準備最高級的料理款待。
↓能夠體驗到比以前高級好幾倍的享受。

運用不要說出最好的內容是什麼，以及到底有多好的表現方法，讓對方充滿期待。

●主詞模糊化

↓這東西成了全世界貴婦注目的焦點。
↓應該能夠漸漸明白吧。

藉由不敘述所提到的名詞的具體內容，讓對方自行想像被省略的內容。

●不特定動詞

↓你總是在做新的嘗試。
↓透過這樣的經驗，你就可以體驗到不同的感受，是吧？

這是不具體說明到底發生什麼事的表現方法。讓對方自行補足、解釋具體內容。

名詞化

↓讓你享受滿滿幸福感的香醇紅酒。
↓未知的經驗讓你的生活更豐富。

這是以名詞代替被刪除的許多情報的表現方法。對方可以自由想像被刪除的空白部分。

關於「扭曲」的「違反後設模式」

接著介紹關於「扭曲」的「違反後設模式」，共四種類型。

因果關係

↓使用這機器能強化肌肉。
↓仰望天空，煩惱頓消。

這是用A事件，暗示B事件的表現手法。若A事件是事實的話，便能引起B事件。

複合性相等

↓懂得運用度測，表示開始關心別人。
↓成為這裡的會員，就是菁英的證明。

這是將兩件事說成一件事的表現方法。若A事件是事實的話，那麼B事件就有意義。

臆測

↓總覺得心情變得平靜多了。
↓想快點學習NLP，是吧？

這是不說明具體內容以及消息管道，彷彿能夠讀取對方心思的表現方法。

藉由仔細度測（觀察）對方，巧妙運用的一種表現方法，讓對方覺得你很瞭解他的樣子。

判斷

↓散步是件讓人心情愉悅的事。
↓學習NLP是件非常有意義的事。

這是不提出由誰下此評斷的表現方法。讓人覺得不是出於誰的意見，而是一件事實。

關於「一般化」的「違反後設模式」

再來介紹關於「一般化」的「違反後設模式」，共三種類型。

概括性字眼

↓做個深呼吸，放鬆一下。
↓隨時準備美味的料理等你光臨。

這是使用「隨時」、「一切」和「所有」等語言，將內容一般化的表現方法。讓對方覺得這是理所當然的事。

必須性／可能性的語態操作

↓偶爾也必須參加一下聚會才行。
↓你辦得到的。

這是使用「應該～」、「不得不～」等必須性字眼，還有「可以～」等可能性字眼的表現方法。較能讓對方自然地接受。

前提

↓要先吃飯再洗澡？還是洗完再吃呢？
↓你察覺得到自己所感受的各種事嗎？

這是以已經變成這樣為前提，自然地導引對方的表現方法。

對方在腦中想像成為前提的內容，感覺自己似乎已經做了那件事。

七種「前提」類型

「一般化」違反後設模式中的「前提」，可分為七大類。

表示時間的從屬關係

【例】邊～／從～以來／先～／做～時／做～之間

【解說】現在在做什麼、一直以來都是如此等前提。

表示順序的字眼

【例】另一個／最初的／最後／第二個

【解說】表示什麼的前後，或是還有不同的情況或選項。

或者．還是

【例】或者／還是

【解說】從好幾個選項中選一個。

●敘述意識的字眼

【例】知道／察覺／理解

【解說】以已經變成的事實為前提。

●副詞與形容詞

【例】簡單地／深奧地／感興趣的

【解說】以敘述的重點部分為前提。

●表示時間變化的動詞與副詞

【例】開始／結束／放棄／繼續／持續／早已／尚未／事到如今／已經

【解說】以發生在現在．過去．未來的任何一件事作為主題。

●表示註解的形容詞與副詞

【例】開始／結束／放棄／繼續／持續／早已／尚未／事到如今／已經

【解說】以後續的敘述為前提。

反覆強調「前提」，增加說服力

使用「前提」，比較容易穿透對方的意識，讓對方進入早已接受成為前提的內容的狀態。反覆強調前提，讓自己所表達的訊息更具說服力。

譬如：

「我對於你在學習這件事時，是否能感覺心中產生變化，更深刻地瞭解事情，早點達成目標一事，十分感興趣。一向運氣很好的你，之前也體驗過邊放鬆，邊在喜悅中領悟到許多事的感覺，所以這次你一定也能學得很好。」

像這樣反覆強調前提，讓傾聽者來不及整理思緒，主觀意識變得薄弱，便越容易傳遞訊息。

十二種違反後設模式

刪除	1. 單純刪除（Simple Deletion） 2. 比較刪除（Comparative Deletion） 3. 主詞模糊化（Lack of Referential Index） 4. 不特定動詞（Unspecified Verb） 5. 名詞化（Nominalization）
扭曲	6. 因果關係（Cause／Effect） 7. 複合性相等（Complex Equivalent） 8. 臆測（Mind Reading） 9. 判斷（Lost Performative）
一般化	10. 概括性字眼（Universal Quantifier） 11. 必須性／可能性的語態操作（Model Operator of Necessity／Possibility） 12. 前提（Presupposition）

米爾頓模式
③

米爾頓模式的表現方法②
～跟隨類型～

進行跟隨時，展現十足效果

活用「米爾頓模式」表現，讓你在進行跟隨時變得更順手。

這裡要介紹四種以米爾頓模式表現的跟隨類型。

●跟隨求詢者的體驗

➡坐在椅子上的你，感覺很放鬆吧。（面對舒適地坐在椅子上的人）

➡今天天氣這麼好，歡迎來訪。（面對在好天氣來訪的人）

這是活用對方現在的狀況和體驗，或是一直以來的體驗，跟隨對方的表現方法。

因為能夠馬上利用對方的體驗，因此比較容易受到對方的肯定，感受到對方的認同。

活用

↓還沒做好心理準備。
↓實在太好了。這下子你得開始思考今後的事，做些準備吧。

這是活用傾聽者的現況，導引至別的體驗的表現方法。

不爭的事實

↓雲層上方隨時都是晴朗的。
↓大部分的人都覺得「大自然很美妙」。

用不爭的事實來表現，讓對方無法反駁，便能順利地進行跟隨。

Yes Set

↓（對於住在台北的人）住在台北的你，一定覺得很方便吧。走幾步路就有便利商店，捷運車站附近有好幾家餐廳和小餐館，還有超市呢。
↓感受得到腳底觸著地板的感覺吧。還可以聽到靜靜流洩的樂聲，連自己的呼吸聲也感受得到，不是嗎？是否察覺到我的聲音慢慢地變小呢？感覺全身逐漸放鬆，是吧。

第二例是使用「催眠誘導」（第263頁），和「跟隨求詢者的體驗」的情況相同。

像這樣加上對方一定會回答：「Ｙｅｓ」的提問，慢慢地導引至別的地方的表現方法，稱為「Ｙｅｓ Ｓｅｔ」。

這是活用我們陷入只能一直說「Ｙｅｓ」，而難說「Ｎｏ」這般特徵的對話方式，也是市場行銷學上常用的手法之一。

米爾頓模式④

米爾頓模式的表現方法③
～間接誘導類型～

間接誘導類型的米爾頓模式

這裡要介紹幾種並非直接表現，而是一邊間接地指示內容，一邊導引對方朝向別的方向的表現方法。

●植入式命令

↓坐在這輛車上，握緊方向盤，便能享受從來沒體驗過的世界，不是嗎？
↓一邊感受自己舒緩的氣息，一邊聽音樂，感覺很舒服吧。

這是將作為「結論」，也就是「會變成這樣」的指示或命令植入對方心中的表現方法。

也就是將想傳遞給對方的暗示放進敘述中，讓對方不會特別意識到的作法。

如上例，植入的是：「請坐在車上，握緊方向盤」，第二例則是：「請感受舒緩的氣息」、「請聽音樂」、「很舒服」等。

接下來要說明的是利用「類比記號」強調指示和命令的部分，效果更顯著的表現方法。

●類比記號（Analog Marking）

↓好～舒服，心情好～放鬆喔。

活用聲音的大小、音調、速度、動作、碰觸對方等「非語言」部分，強調、凸顯特定語言的表現方法。

這和我們會用充滿感情的口吻，說故事給小孩子聽的道理是一樣的。

【例】我們常說，人是**萬能的**，正因為**萬能**，**才能融合自然與科學**。（粗字部分就是「類比記號」）

●植入式提問

↓以為你會聽我說……

↓想說你對這場聚會有興趣。

「可以幫我○○嗎？」這般植入式提問，就是一種間接的表現方法。

藉由將提問隱藏於敘述中的方式，讓「後設模式」的提問更具彈性。

【例】想說你會幫我○○……（植入「可以幫我○○嗎？」這般提問）

●要求

↓可以幫我拿杯水嗎？
↓知道現在幾點嗎？

讓對方回答「是」或「不是」。就像英文的 Can you~？（可以~嗎？），提出關於對方能力的相關問題，Do you know~？（知道~嗎？）等手法來表現。

然後加入要求。這麼一來，對方除了回答「Yes」或「No」之外，也能針對所要求的事回答並採取行動。

【例】可以幫我〇〇嗎？／知道〇〇嗎？

●否定命令

↓絕對不能這麼做。
↓請別想像相撲選手跳起來的樣子。

因為大腦無法理解否定句，因此聽到別人說：「不能〇〇」，就會思考「〇〇」的部分。

【例】請別想要〇〇。

●模糊化（ambiguity）

↓想像（創造）自己贏得眾人信賴的樣子吧。

↓這房子很耐震，我有信心。（加上關於地震的字眼）

這是使用雙關語，讓人容易接受的表現方法。

對方不但能接受字面上的意思，也能接受另一層含意。

日本的和歌就常用雙關語來表現，所以對於這般表現方法應該不陌生。

【例1】同音異義

↓譬如：意識．議事

【例2】傳遞的是另一種意思

↓我是陽春麵。

去麵店時，常聽到有人這麼說，不過說話者可不是「陽春麵」，而是說他點的是陽春麵。

【例3】範圍（不曉得牽涉的範圍有多廣）

↓調查頻頻故障的A模組與B模組

究竟是只有A頻頻故障，還是兩個都是呢？並沒有說明清楚。

【例4】標點符號**（標點符號標示得不清不楚）**

↓逐漸成長的你正邁向美好的人生吧。

「逐漸成長的你／你很棒／美好的人生」等，像這樣一句話就包含了許多意思。

使用米爾頓模式表現的文章

介紹一篇用各種米爾頓模式寫成的文章吧。

請注意表示「類比記號」的粗字部分。

↓就像**草木慢慢地萌芽**般，只要**敞開緊閉的心房**，**就能瞧清楚你一路走來的人生吧**。

（緩緩地閉上眼，敞開心房時，人生的奇蹟便成了真實的事物）

米爾頓模式⑤

米爾頓模式的表現方法④
～連接詞・附加疑問詞・雙綁法則～

使用連接詞的米爾頓模式

這裡要介紹的是使用「然後」、「所以」等連接詞，連結內容的米爾頓模式。藉由連結兩種經驗的表現方式，就算事實上毫無關係，也能在對方有意識或無意識地狀態下，順利地傳達給對方。

總之，就是將B敘述（不管是不是事實）連結陳述A事件的敘述，共分為三種類型。

● **暗示同時性**

↓在腦中經過一番整理，然後浮現明確的答案。
↓你有時很無理取鬧，可是（同時）我知道你是愛我的。

「和A一起體驗B」、「和A一起不體驗B」像這樣暗示兩種以上同時發生的事（或沒有發生的事）的表現方法。

【例】然後／可是／不是～

暗示原因

↓只要改變習慣，便能瘦15公斤。
↓因為學習NLP，所以提升了溝通能力。
↓你可以使用這個，為什麼呢？因為你已經全都學會了。

「要是做A的話，就會變成B」這樣的表現方法就是藉由表明原因，順利地讓對方的無意識顯現出來。

【例】所以～／因為～／做～時／做～之前／～之後／～的期間／做～之時

因果關係

↓現在投保地震險，比較安心。
↓這樣的態度能讓你更幸福喔。

藉由「A讓B怎麼樣」表示因果關係，誘導對方的表現方法。

【例】～讓～怎麼樣

使用附加疑問詞．雙綁法則的米爾頓模式

再來要介紹使用附加疑問詞．雙綁法則（Double Bind）的米爾頓模式。

附加疑問詞

↓覺得很舒服，不是嗎？
↓現在想學這個，是吧？

藉由肯定句加上否定句，否定句加上肯定句的表現方式，強調緣由，讓對方興起乖乖跟從的念頭。而且語尾上揚，能導引對方透露更多訊息，語尾下降則成了命令句。

雙綁法則

↓現在要喝茶嗎？還是待會兒再喝呢？

這是誘導對方怎麼選都是同樣內容的表現方法。乍看之下好像可以選擇，其實只有一個選項，但對方卻能順理成章地接受。

米爾頓模式⑥

米爾頓模式的表現方法⑤
～催眠誘導類型～

何謂催眠誘導

在介紹米爾頓模式的催眠誘導類型前，先簡單地說明一下何謂催眠誘導。關於實際的操作方法，請參考第263頁。

常在電視上看到藝人被催眠變成狗，宛如傀儡般被人操控的模樣，致使催眠誘導容易被誤會是一種催眠手法，其實它是一種幫助你達成目標的手段。

進入催眠狀態稱為「恍惚狀態」（trance），這時意識會逐漸消退，感覺和平常不太一樣，無意識則比較容易顯現。去除一切限制後，也比較容易收到催促自己改變的訊息。面對變化與挑戰，心態上也會變得比較積極。

雖然有各種形式的催眠，但在NLP中，只聚焦於米爾頓．艾瑞克森博士的「艾瑞克森催眠」。

催眠誘導類型的米爾頓模式

這裡要介紹的是進入催眠狀態（恍惚狀態）時，使用「米爾頓模式」的表現方法。

【例】該不會被〇〇也說不一定
也許有人做〇〇也說不一定
也許早就知道也說不一定……
想說可能〇〇吧
大概（你）被〇〇吧
如果做〇〇的話，會是什麼樣的感覺呢？
倒也沒必要做〇〇就是了
（你）做了〇〇，會覺得很舒服，是吧？
（對我來說）不是很清楚……
（你）會（做）〇〇，是吧？

Column

米爾頓．艾瑞克森博士的精神治療實例

這是米爾頓博士治療一名自稱是耶穌的患者時，所進行的一段對話。因為耶穌是大約瑟夫的兒子，當然會有幫忙父親的經驗。

米爾頓博士：「你會做木工吧。」

患者：「嗯……是啊。」

米爾頓博士：「所以你也想發揮所長，幫助大家，是吧。」

患者：「當然。」

米爾頓博士：「醫院裡的書櫃不夠，要不要幫忙做啊？」

患者：「好啊。」

之後這名患者便開始參加做書櫃的活動。米爾頓．艾瑞克森博士還有很多類似這樣的小故事。

（任何人）會〇〇。為什麼呢……

做了〇〇的話，也許會瞭解ＸＸ的感受

可以想像〇〇嗎？

請別太急著做〇〇

看得出來這些例句套用了米爾頓模式的類型嗎？

米爾頓模式⑦

米爾頓模式的表現方法⑥
～隱喻類型～

何謂隱喻

用比喻來表現、譬如什麼等，稱為「隱喻」。藉由隱喻讓對方無意識地順利接受談話內容，這是進行催眠誘導時，常用的手法之一。

就像小時候聽過的童話故事，往往隱含了許多道理和教訓。同樣地，藉由隱喻方式暗示對方盡情地朝自己的目標邁進，讓潛意識顯現。不過一定是要能讓對方朝向更好狀態的談話內容才行。

利用隱喻的米爾頓模式

介紹利用「隱喻」的米爾頓模式，共分為三種類型。

違反現實

↓到處散布太陽般的笑容。
↓貓說牠「活得很悠哉」呢。

這是有違現實的比喻表現，包括直喻、暗喻和擬人化等。

譬如，「她像太陽」的表現方法就是「**直喻**」；「她是我的太陽」的表現方法則是「**暗喻**」。

藉由這樣的表現方法中斷對於現實的思考，啟動脫離現實的想像機制。

引用

↓有個孩子說只要待在我朋友身邊，就覺得很安心。
↓「愛要適度。一段漫長的戀情才是真正的戀情」這是莎士比亞在《羅蜜歐與茱麗葉》裡的經典名言。

這是藉由傳達第三者所言（說話者不需要對說話內容負責），傳遞訊息的表現方法。而且善用名人說過的話，會更具說服力。

寓言・軼事・故事

引用像是童話故事裡具有正面積極意義的內容，可以豐富溝通的資源。

還可以將自己比喻成故事裡的角色，增加臨場感，加強對方的印象，讓對方融入談話內容，更能提升溝通效果。

何謂
chunk？

改變捕捉事物的範圍
～上推下切法～

上推下切法

日本的住址標記方式為：「東京都千代田區神田神保町四丁目〇番地ＸＸ大樓Ｘ室」，像這樣區分為：都道府縣／市區町村／地名／丁目／番地……。

在ＮＬＰ中，像這樣縮小區分範圍的思考模式，稱為「下切」（chunk down）；相反地，還有稱為「上推」（chunk up）的相對詞。

「下切」就是像後設模式那樣，將情報更細分化的方法；「上推」則是像米爾頓模式那樣，為了能夠綜觀事物全貌，而予以一般化、模糊化。

所謂「chunk」就是「**將對象和狀況予以概括化**」的意思。

好比一片金屬板，為了調查分析這片金屬板的性質，使用電子顯微鏡觀察它的細部分子結構，就是屬於「下切法」。藉由下切法，可以得到關於金屬性質的詳細情報。

再來要組合這片金屬板，做個什麼東西。於是這片金屬板漸漸變成一艘大船的模樣。

像這樣看著金屬板被慢慢地組合起來，就是「上推法」。

善用上推下切法捕捉事物

我們周遭有那種只會詳細地分析情報，捕捉情報，不擅綜觀全貌，屬於「下切」傾向的人；也有那種習慣概括地捕捉事物，不拘小節，屬於「上推」傾向的人。

配合對方的傾向，才能瞭解對方傳達的內容，享受溝通的樂趣。

假設你是個賣車的業務員。顧客K先生詳細地詢問關於車子引擎的性能和特性，以及其他部分的特徵。面對這樣的顧客，就要詳細說明車子的各個零件，讓對方更容易理解。

另一位顧客Y先生，正為了不曉得要買哪一款車子，十分猶豫。再加上他也不是一定非要有輛車子代步不可。面對這樣的顧客，若想提升成交率的話，最好的方法就是建議他購買符合自己需求的車款，想像自己開車上路的感覺。

其他像是面對屬於下切傾向的人，不妨使用「**米爾頓模式**」溝通，能幫助對方拓展視野。相反地，面對屬於上推傾向的人，使用「**後設模式**」溝通，讓對方覺得你很細心，連小細節都會注意。

從談話內容判斷對方屬於哪一種傾向，以決定如何跟隨、導引。

當然瞭解自己屬於哪種傾向也很重要。

何謂「平行」

既非上推也非下切，而是利用持平狀態溝通的一種技巧，代表例子就是「隱喻」（比喻）。

在不改變對方的傾向下，以譬喻或比喻的方式表現內容，讓對方能夠輕易接受的方法。

「不要為了芝麻綠豆般的小事煩惱，眼光要放遠一點！」比起這樣強勢的勸說，「反正不會永遠都是黑夜」這樣譬喻的手法，會讓人更容易接受。

只要懂得活用搭配上堆下切與平行法，便能導引出對方更多的資源（資質）。

後設模式與米爾頓模式的目的相同

為了得到更詳細的情報，一邊反覆地提問，一邊以去除對方限制為目的的「後設模式」，與為了綜觀事物全貌，而予以一般化，模糊化，建立新的一般化與信念的「米爾頓模式」，都是我們平常有意無意中會使用到的語言模式。

歸類（chunking）

藉由上推、下切與平行等方式，能夠改變對方捕捉事物的方法。

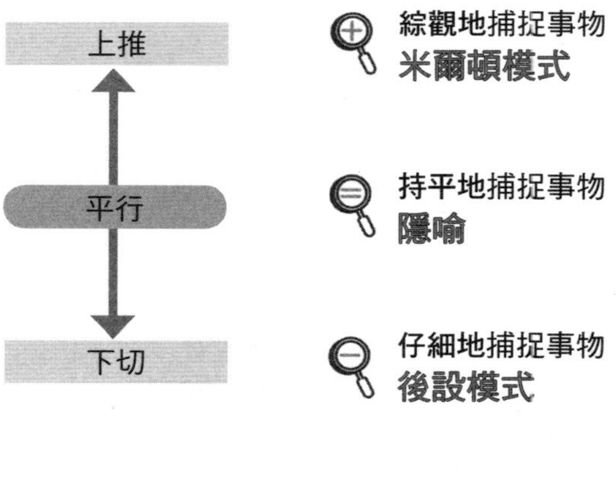

也就是說，當對方為了什麼問題煩惱不已時，藉由有效的提問和語言，讓對方察覺其實還有別的方法，導引對方朝向更理想的狀態。

唯有幫助對方拓展視野，才能接收到更多元化的訊息。

雖然後設模式與米爾頓模式的手法完全相反，**但同樣都是以幫助對方跳脫既有框架，導引對方朝向更理想的方向為目的。**

後設模式的特徵

❶重複有效的提問。
❷挑戰束縛對方的信念（beliefs）。
❸幫助對方增強信念。

米爾頓模式的特徵

❶使用間接的表現方法影響對方。
❷仔細度測對方，活用狀態和發生的事進行跟隨。
❸讓對方的意識模糊化，導引對方自由想像。
❹連結對方無意識的資源。
❺透過一般對話，幫助對方建立正面積極的新信念（beliefs）。

何謂coaching？

促進對方成長、導引對方達成目標，以提問與對話為主要方式的溝通技巧

何謂教練技巧？

近年有種叫做「教練技巧」（coaching）的溝通手法，頗受注目。

所謂教練，就是以提升人力才能，導引其達成目標的方法。「coach」的原意為馬車，後來又衍生成人類用馬車將東西運至目的地的意思。

簡而言之，教練技巧就是「培育人才的方法」。基本內容就是「以提問和對話為主要方式的溝通技巧」。

成長這字眼有許多種解釋，這裡所說的成長，主要是以營造一個能夠提升積極性，自動自發地學習、有效解決問題的環境為目的。

因此「對話」與「提問」這兩種方式十分重要。只要反覆練習NLP的溝通技巧，便能學會如何因應談話內容，進行提問與對話的方法，幫助對方達成他所期望的目標。

不過並非對任何人都能採取同樣的教練技巧，而是藉由因材施教般的對話和提問方式，激發受

教練者（求詢者）的能力。

像是「訂立最完整的目標」、「換框法」、「後設模式」、「米爾頓模式」等NLP的技巧和訣竅都是最具體的方法。

設定目標的方法，決定對方的方向

譬如有個部屬提出「希望做些能讓自己充滿幹勁的工作」的要求，但就算交付給他重要的工作，他也沒辦法做好。

這時不妨先設定「充滿衝勁面對工作」這目標，然後透過溝通，導引對方。

一如第49頁所述，達成目標與成果的主語，一定要用「我」來表現，這點非常重要。

此外，用肯定的語氣表現、透過五感想像達成目標的狀態也很重要。當然也要顧慮周遭環境，確認是否保留現狀的所有優點等。

設定目標的五大要點

- ☑ 主語為「我」
- ☑ 肯定的語氣
- ☑ 能夠使用五感想像達成目標的狀態
- ☑ 顧慮周遭環境（ecological check）
- ☑ 保留現狀的所有優點（隱藏得益）

學會 NLP 的技巧，
讓你揮別感到棘手、
不安、恐懼的自己，
迎向更快樂，
更自由的人生。

Part 7

如何與自我溝通，做自己的主人

存在的意義為何？

找回原來的自我，讓自己更幸福

自由是一切

詳細介紹NLP的技巧前，先介紹一段理查・班德勒博士的名言。

「這三十年來，我所從事的不是心理治療師的工作，也不是推廣教育，更不是銷售什麼商品，而是幫助『人們自由』。如果你是自由的，那你就會懷著愛度過每個瞬間，這就是我的人生哲學。自由是一切，愛是一切。」

也就是說，NLP是為了「讓每個人能自由地活出自我」。

幫助你卸下心中的鎧甲

成天忙於工作、家務、養兒育女的自己，究竟為了什麼而活呢？也許你會突然這麼想。相反地，也可能會思索成天無所事事的自己，活著又有何價值呢？

自己到底在想什麼？究竟感受到什麼？怎麼變得越來越遲鈍。

一言以蔽之，瞭解自己的內心世界不是件簡單的事。為什麼呢？因為自己的心早已被什麼東西層層地包覆住。

有個少年非常開朗，深受大家疼愛。非常喜歡數學的他，只願意學習數學，所以數學考試總是拿高分，爸媽也很高興。

然而當數學考試拿高分成了理所當然的事之後，爸媽不但再也很少稱讚少年，反而斥責他：「為什麼國文成績這麼差呢？要多加強一下國文啊！」

漸漸地少年對最喜歡的數學也失去了興趣，甚至放棄學習。對學習失去興趣的他，總是一副悶悶不樂的樣子。

那麼，該如何幫助他呢？

請思考一下，答案就藏在這本書裡。

人類應該活在愛中，活出自我

每個人出生時，都是那麼地純粹，不會懷疑，也不會和別人比較，更不會放棄任何事。

但隨著年歲漸長，束縛越來越多。依國家、教育、時代、父母和家族等的不同，所處的環境也不一樣。

我們究竟還要被「應該～」、「不應該～」這些字眼束縛到什麼時候呢？因為這些話，又讓我們漏失了多少可能性呢？

一如班德勒博士所言，只要去除人心的束縛，活出自我，便能更體諒他人，更包容他人。

每個人都擁有無限的可能性，而你就是其中之一。

克服棘手的事物

改變對棘手事物的印象
～改變次感元～

改變五感的要素，克服棘手的事物

請想想有什麼讓自己覺得棘手的事物。也許是上司突然交付的工作，也許是吵雜的蛙鳴，不管是什麼，都是我們用五感感受到的東西。

因此只要改變五感的印象，便能消除、減少對於事物的棘手和不愉快感。

一如第141頁所述，五感各有其細小的要素，稱為「**次感元**」。

視覺的次感元有顏色、形狀、動作、明亮度、深淺度等；聽覺的次感元有音量、節奏、音調等；身體感覺的次感元有壓力、溫度、觸感和重量等。

這些次感元都有「調節鈕」，使用調節鈕調節次感元，便能改變對棘手事物的印象。

練習「改變次感元」的流程

❶想像棘手的事物

【例】想像剛進公司時，負責第一件業務的樣子。

❷譬如顏色調亮一點，尺寸變小一點，聲音變得開朗一點等，改變對棘手事物的印象，不再產生棘手或不愉快的感覺就成功了。

【例】讓昏暗的房間變得明亮，舒緩沉重的氣氛，想像變成可放在手心般的大小。

❸接著想像自己處於同樣情況的樣子（＝模擬未來）

【例】想像剛進公司時，負責第一件業務的樣子，確認是否不會萌生棘手或討厭的感覺。

改變次感元

使用調節鈕改變次感元。參考下圖，項目可以配合內容自由地增減。

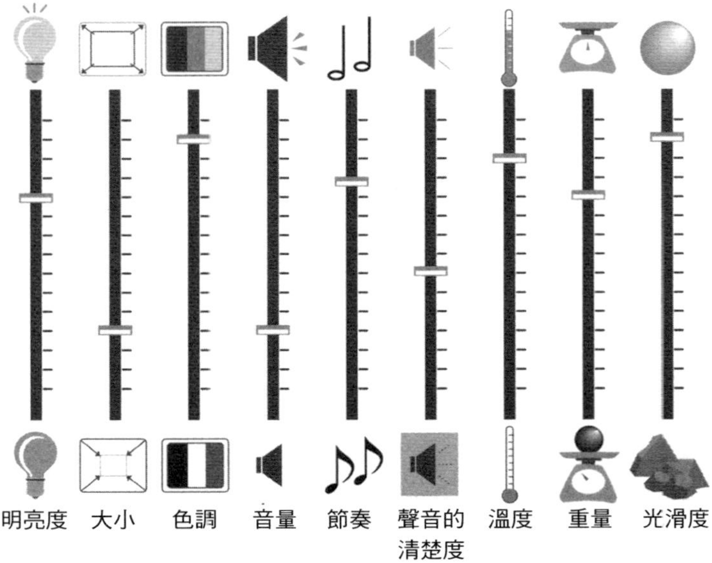

模仿

模仿成功之人
~模仿~

藉由模仿成為「成功人士」

隸屬企劃部的A先生，對於自己總是無法在會議上暢所欲言地介紹新產品，感到十分苦惱。

相反地，比他早進公司五年的前輩B先生，總是能簡潔地說明企劃內容，讓大家留下深刻印象，成了公認的企劃高手。

如果你和A先生有同樣煩惱的話，不妨模仿B先生的優點，也許就能嘗到成功的果實。

這方法稱為「**模仿**」（modeling）。所謂模仿，就是模仿心目中的成功人士。

模仿印象中「成功人士」的想法、思考、行為模式和動作等，甚至感受對方的成功體驗，透過五感完全吸收對方的言行。

這麼一來，便能自然地複製對方的成功模式，付諸行動，讓自己更容易達成期望的目標。

練習「模仿」的流程

❶設定自己期望的目標（參考第48頁）

【例】讓企劃成功過關。

☞

❷拿到通往成功之路的鑰匙後，思考該如何著手進行

【例】接到部長通知開企劃說明會議，開始興奮地籌劃。

☞

❸決定模仿對象，具體想像那個人的表情、動作、姿勢、行為、音色和表達方式等

【例】想像在會議上說明企劃的情況。

☞

❹試著想像模仿對方的一舉一動

☞

❺將模仿時自己看到的東西、聽到的東西、身體感覺等，化為具體的語言（也可以問問身旁的伙伴）

【例】企劃會議上，大家都津津有味地聽自己說明，盡可能地將這份企劃的魅力與優點傳達給眾人。

❻輕輕地動一下身體，放鬆一下（這動作稱為「打破狀態」（Break State），回復平常的感覺）

❼然後想像自己在同樣狀況中，進行同樣行為的模樣

❽充分使用VAK（視覺、聽覺、身體感覺），感受成功的感覺

啟動理想的自我

啟動開關，瞬間進入理想狀態

～設定心錨～

何謂「心錨」？

突然聽到印象深刻的旋律，便會想起關於這首曲子的回憶，喚醒那時的情感。這和一聽到連續劇主題曲，就會回想連續劇最後一幕的道理是一樣的。

這就是藉由「五感接收特定情報和行為」引發「某種特定行為和記憶，或是情緒與衝動」的一種條件反射。

譬如我們看到紅燈會停下腳步，看到字會想起字的讀音和意思，啣根菸就會點火的道理是一樣的。

在NLP中，像這樣下意識地連結「情報」（刺激）和「反應」（情緒），使其產生效用的過程，稱為「設定心錨」（anchoring）。

為了引發什麼，從外在給予刺激的行為，好比「扣扳機」（trigger），標記內在反應的開關，稱為「心錨」（anchor），然後引發內在反應的動作，就稱為「啟動心錨」。

使用設定心錨喚起特定情感

這裡要舉例說明可作為心錨的「身心資源狀態心錨」（Resource Anchor）。

第218頁會詳細介紹如何活用「**身心資源狀態心錨**」的方法。

不管任何東西都能成為喚起某種特定情感的「心錨」。

像是感覺很開心、或幹勁十足等身心充滿資源的狀態下，隨時都能喚起特定情感。

設定心錨時，首先要回想和現在感受到的情緒一模一樣的過往經驗。像是過往的歡樂時光、充滿幹勁的時候，或是努力不懈的時候，總之任何狀態都可以。

隨著狀態和情緒達到顛峰，呼吸會變得和緩，雙頰放鬆，臉上泛起笑容，感覺身體起了變化，確實地「**進入狀態**」（instate）。

然後在「進入狀態」的情況下，設定心錨。

如果沒有類似的情緒經驗，用想像的方式也可以。

時機・強度・刺激

成功設定心錨的要點

成功設定心錨的訣竅

若能給心錨做個開關的話，那麼必要時便能立即啟動，進入想要的狀態。

這裡要說明關於設定心錨的四項要點。

情緒到達顛峰前，是設定心錨的絕佳時機

心錨是在強烈「進入狀態」時設定的，「狀態」越強，設定的效果越好。

但人不可能永遠都處於特定情感中。一般顛峰過後，便會逐漸冷卻，因此情緒到達顛峰前是設定的最佳時機。

雖然自行設定沒問題，但若要幫別人設定時，最好先仔細度測對方一番，算準時機再進行。

特定的狀態就是非常強烈的狀態

在平淡的情緒與狀態下設定心錨，一點意義也沒有。

所以盡可能地回想自己體驗過的最美好心情，或是情緒最亢奮的狀態。

活用第205頁改變次感元的方法，讓特定情緒變得更強烈。狀態越強，設定的效果越好。

●心錨具有特異性

雖然任何方式都可以設定心錨，但像是握手或撫摸臉頰這類平時常做的動作，還是盡量避免比較好，以免不必要時也會啟動心錨。

總之，以具有「獨特刺激」的動作最理想。像是碰觸自己平時不太碰觸的地方、耳朵往上提，或是做個特殊的手勢，喊一聲：「喔耶～」也OK。

不過必須注意的是，設定心錨的時間應避免過長。因為設定心錨的期間，情緒可能會逐漸冷卻下來。

●心錨必須具有重複性

最好是必要時，隨時都能啟動心錨的刺激才行。因此像是那種過於獨特、困難的動作，或是不會在別人面前做的動作，都不是理想的心錨形式。

設定心錨的四項要點

❶設定心錨的時機
❷進入狀態的強弱
❸刺激的獨特性
❹刺激最好可以反覆運用

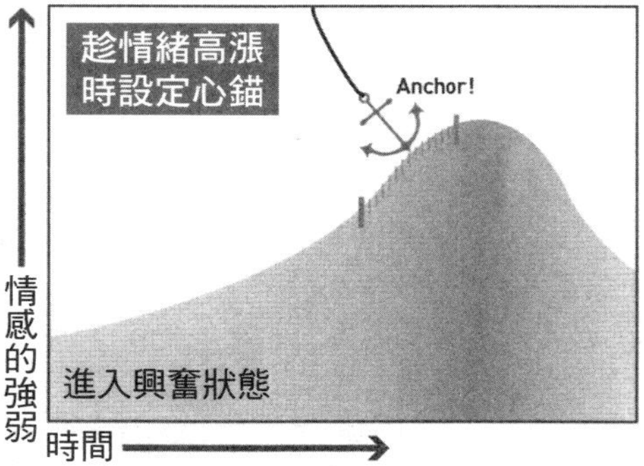

設定心錨的種類

各種設定心錨的方法

有許多設定心錨的方法

有各種設定心錨的方法。

這裡會介紹各種設定方法的特徵。最基本的心錨就是隨時都能喚起必要的資源，設定心錨的「身心資源狀態心錨」。不妨試試哪一種方法對自己最有效。

雖然有著各種類型和變化，但基本原則還是要讓自己（對方）進入理想狀態。

●身心資源狀態心錨（↓第218頁）

設定一個能隨時啟動，進入理想特定情緒與狀態的開關。

【使用範例】運用於想讓體內充滿自信與愉悅的心情等，需要一個特定資源時。

重疊心錨（↓第220頁）

想強化一個「身心資源狀態心錨」，或是需要兩個以上的「身心資源狀態心錨」時，在同樣地方用同一種方式累積。

因應需要更強烈的心錨，或是出現好幾個理想的情緒與狀態時，設定一個能隨時啟動開關的技巧。

【使用範例】運用於想讓自己體驗充滿幹勁、充滿自信和放鬆等三種感覺時。

滑動心錨（↓第222頁）

提升心錨水準的技巧。藉由進入狀態，擴大感受規模，激發更顯著的效果。

【使用範例】運用想讓快樂的心情膨脹一百倍時。

●連動心錨（↓第225頁）

連結好幾個心錨達到目標（理想狀態），猶如骨牌效應般一口氣啟動的心錨。

【使用範例】運用於感受到目前狀態的瞬間，想達到目標的時候（沮喪↓安心↓快樂↓興奮↓充滿幹勁）。

●空間心錨（↓第228頁）

在場所和空間設定心錨，充滿必要的資源，導引對方和聽眾。

【使用範例】運用於想讓自己容易進入狀態時使用，非常方便。搭配類比記號使用，更容易導引對方。

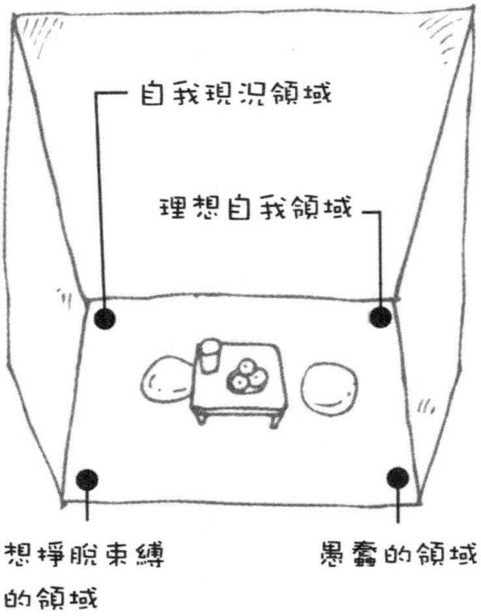

●摺疊心錨（↓第231頁）

運用積極的情緒和想像，消除負面情緒和想像的技巧，又稱為「壓縮心錨」或「中和心錨」。

【使用範例】用愉快的回憶打消不愉快的回憶，想想其實也沒什麼大不了的。

●視覺心錨（↓第234頁）

摺疊心錨的變化型。面臨兩個完全不一樣的渴求而左右為難時，利用視覺想像統合，產生第三種解決方法。也就是利用視覺中和兩種情緒與想像的技巧。

【使用範例】運用於想滿足口腹之慾，又想減肥時。

設定心錨的類型①

喚醒特定資源～身心資源狀態心錨～

「身心資源狀態心錨」是最基本的設定心錨法

刻意打造一個能夠引發條件反射的開關，是「設定心錨」的基本要件。介紹一個喚起必要資源的設定方法，稱為「身心資源狀態心錨」。

譬如，自從被狗咬過以後，看到狗就會退避三舍的反應，便是因為「心錨」所引發的一種行為。不過在NLP中，還是以達到理想狀態為最主要目的，因此一般提到「心錨」，多是指「身心資源狀態心錨」。

練習「身心資源狀態心錨」的流程

❶進入體驗特定情緒的狀態

【例】L覺得介紹自己的企劃前，需要「自信」這項資源。於是他進入稍早之前參加市民馬拉松大賽，上台領獎時充滿自信的狀態。

☞

❷運用次感元，擴大進入狀態（讓感覺膨脹好幾倍、變得明亮、還配上音樂等，活用各種VAK的次感元）

☞

❸在狀態即將達到顛峰前，設定心錨

【例】L用右手指輕觸左手腕，給予刺激，設定心錨。

☞

❹離開狀態，輕輕地動動身體，放鬆一下（＝打破狀態）。

☞

❺打破狀態後，試著用❸啟動心錨。

【例】打破狀態後，用右手指再次輕觸左手腕，給予刺激。

☞

❻啟動心錨的同時，若再次進入狀態的話，表示設定成功。

【例】看見L雙頰泛紅，肌肉放鬆，產生明顯變化的話，表示設定成功。

啟動心錨後，情緒並未像進入狀態時那般高漲，只要覺得內心感覺很舒服就行了。

設定心錨的類型②

瞬間進入好幾種理想狀態的方法

～重疊心錨～

累積好幾種「心錨」

在「身心資源狀態心錨」中，只有一個開關可以進入特定的理想狀態與情緒中。

接下來，要介紹藉由累積予以強化，讓兩個以上的理想資源能夠同時設定心錨的方法，稱為「重疊心錨」。

可以在不同時間，以同一種方法在同一個地方累積心錨。

雖然心錨的數目沒有上限，但以二～五個左右的效果最佳。

譬如，想利用三個理想狀態進行「重疊心錨」時，只要啟動一次心錨，便能同時進入三種理想狀態的超強方法。

練習「重疊心錨」的流程

這裡要介紹的是三種理想狀態的情形，即便增加數目也是使用同樣的方法。

❶選擇三種理想狀態（數目不限）

【例】「充滿幹勁」、「充滿自信」、「放鬆」等三種理想狀態。

❷參考第218頁，針對第一種理想狀態設定心錨

【例】在充滿幹勁的狀況下進入狀態，情緒達到顛峰前啟動心錨。譬如右手拇指與無名指碰觸，給予刺激。然後暫時打破狀態，嘗試設定心錨。

❸同樣地，針對第二種理想狀態設定心錨

【例】在充滿自信的狀況下進入狀態，情緒達到顛峰前啟動心錨。重複第一種動作給予刺激（強度一樣）。然後暫時打破狀態，嘗試設定心錨。

❹同樣地，針對第三種理想狀態設定心錨

【例】在放鬆的狀況下進入狀態，情緒達到顛峰前啟動心錨。重複前面兩種動作給予刺激。然後暫時打破狀態，嘗試設定心錨。

❺在打破狀態下，啟動心錨，當三種理想狀態同時重現時，表示設定成功。

設定心錨的類型③

強化心錨的方法～滑動心錨～

提升心錨強度的方法

這裡要介紹的是讓現在的感覺膨脹好幾十倍、好幾萬倍的方法，稱為「滑動心錨」。

「滑動心錨」就是一邊誘導對方，一邊改變音調和音量，手指同時在皮膚上滑動，藉以提升理想狀態的感覺和程度。

如果可以的話，不妨找個伴一起練習設定心錨，效果會更顯著。

雖然以下的流程只是針對一種狀態加強，但也可以啟動「重疊心錨」所設定的心錨。

練習「滑動心錨」的流程

❶決定一個想要加強的狀態

【例】愉悅的狀態。

❷進入體驗特定情緒的狀態

【例】進入從未有過最愉快、笑到在地上打滾的狀態。

❸感覺理想狀態越來越高漲時，在達到顛峰前嘗試設定心錨

【例】用手指輕碰手肘（左右手都可以），做為心錨。打破狀態後，再設定心錨，若能喚醒理想狀態的感覺，表示設定成功。

❹接下來要傳遞「能夠強化這種理想狀態」、「能夠強化好幾倍」這樣的訊息。手指在皮膚上滑動，設定心錨

【例】邊說：「首先嘗試提升兩倍這種愉快的感覺」，手指邊從設定心錨的地方往肩膀方向滑動。這時邊發出「咻！」的聲音，效果更顯著。

❺接著手指再從肩膀位置，滑回原來的手肘位置，重複剛才的動作，可以提升至十倍。

【例】邊說：「這個心錨的強度就保持這樣，接下來移回心錨原先的位置」，邊將設定心錨的手指往手肘移動，然後移開手指，休息一下。接下來再邊說：「嘗試將這感覺提升十倍吧！」，邊再次將手指移至肩膀。這時也要發出語尾逐漸上揚的「咻！」聲，效果將更顯著。

☜ ❻反覆強化強度直到滿意為止，然後在那位置做個強化後的心錨

☜ ❼打破狀態後，用⑥啟動心錨，確認特定感覺變得更強烈後，表示設定成功

設定心錨的類型④

依序啟動心錨的方法 ~連動心錨~

依序啟動心錨的方法

想讓好幾種理想狀態一次出現時，可利用「連動心錨」。
藉由逐步達成目標的方式，自然地導引至最終目標，引發必要狀態的心錨，稱為「連動心錨」。
所謂連動就是「連鎖」的意思，像用鎖連在一起似的，將一個個的心錨連結在一起。前一個心錨成為下一個心錨的「扳機」，然後依序啟動是其特徵。
因此設定心錨的順序十分重要。
也就是說，相鄰的心錨狀態越接近，效果越好。
心錨一旦完成連結，感受到第一個心錨狀態的瞬間，便能達到目標。
「連動心錨」對於後面詳述的「策略」來說，也是項非常好用的技巧。

練習「連動心錨」的流程

這裡要介紹的是如何從「明明是非做不可的工作，卻怎麼也提不起勁」的狀態，變成「充滿幹勁」的例子。

❶選擇為了達到目標的理想狀態

【例】提不起勁▼拖拉心態▼放鬆▼爽快感▼興奮▼愉快▼充滿幹勁

☞

❷參考第218頁，針對第一項提不起勁的狀態，設定心錨。心錨設定在身體任何一個部位都行，也可以利用空間心錨。

☞

❸針對第二項理想狀態，設定心錨。（在接近第一項心錨的地方，設定心錨）

☞

❹在不同的地方設定心錨，直到最後「充滿幹勁」為止

☞

❺先打破狀態（用於當心錨連成一環，回不到最初的時候）

☞

【例】運用搖晃身體等動作，從與心錨相關的特定感覺中抽離，回到平常狀態

❻啟動第一項心錨，在將達到顛峰狀態時，啟動第二項心錨
☞
❼啟動第二項心錨，在將達到顛峰狀態時，先卸下第一項心錨，再啟動第三項心錨
☞
❽反覆進行同樣動作，直到連結最後一項心錨為止
☞
❾藉由啟動第一項心錨，然後像連鎖反應似地接連啟動心錨，一口氣達到目標

【例】再也不會覺得提不起勁的瞬間，就是充滿幹勁的時候。

設定心錨的類型⑤

在空間設定心錨
～空間心錨～

利用空間設定心錨

有些人覺得上洗手間時，心情特別沉穩。對這些人而言，洗手間便是一處可以設定「安心」這樣心錨的地方。

這就是利用空間設定心錨。設定一走進這空間就覺得充滿活力的心錨，或是想在這處空間拋掉一些東西的心錨等。

譬如，比手劃腳地進行企劃說明時，也可以利用眼前某個東西做個「空間心錨」。

譬如利用辦公桌設定充滿幹勁的心錨，便能活力充沛地面對工作。

練習「空間心錨」的流程

在稍微寬敞的房間或公園等地方的四角，設定「自我現況領域」、「束縛自我的強烈beliefs（信念）領域」、「愚蠢的領域」和「理想自我領域」等四種領域。大家一起進行時，各自在設定的場所，針對設定的內容交談，更能強化空間心錨。

☞

❶設定「自我現況領域」（A）、「束縛自我的強烈 beliefs（信念）領域」（B）、「愚蠢的領域」（C）、「理想自我領域」（D）等四個領域。

【例】將這四處分別設定為：（A）是開始的地方、（B）是「對英文感到棘手！」想放棄 beliefs（信念）的地方、（C）是搞笑縱藝節目的一個橋段等，和自我人生沒有什麼直接關聯的地方、（D）是除去束縛，享受學習英文的樂趣，創造理想自我的地方。

☞

❷用平常走路的速度從「自我現況領域」（A）走到「束縛自我的強烈 beliefs（信念）領域」（B）

【例】充分感覺在那場所的強烈 beliefs（信念）。然後將 beliefs（信念）的強度與內容（對英文感到棘手！）分開，將 beliefs（信念）的強度留在原地。

☞

❸然後帶著 beliefs（信念）的內容（B）往旁邊跨半步。這時只帶著 beliefs（信念）內容的你，盡可能踩著愚蠢的步伐往「愚蠢的領域」（C）走去。（B）場所只剩下信念的強度（B*）

☞

❹再來以充滿自信的步伐走到「理想自我領域」（D）。充分感受到什麼是理想自我，這時活用心錨與次感元等方式體驗，效果更顯著

❺然後再從（D）走到（B*），充分感受能量的強度。這時先蹲下來，蜷縮身子，蓄積滿滿的力量。待察覺體內能量即將爆發時，一口氣伸展身子，這時加上歡呼聲，效果更好。藉由整合信念的強度與自我理想，形成一股強大的力量，拓展可能性。

設定心錨的類型⑥

以積極的狀態消除消極的狀態～摺疊心錨～

用正面和負面的心錨中和

面對明明不願想起來，卻又偏偏被喚醒的「不好記憶」等，以「愉快回憶」這樣的正面要素消除對自己而言屬於負面的記憶和感覺。

這技巧稱為「摺疊心錨」，又稱為「壓縮心錨」或「中和心錨」。

簡單地說，好比在熱水裡加點冷水，讓水感覺不會那麼燙的道理是一樣的。

分別對「正面要素」與「負面要素」設定心錨，然後同時啟動，消除「負面要素」，稱為「摺疊（崩壞）心錨」。

最好選擇那種想起一個，便能喚醒另外一個，這般有著關聯性的「正面要素」與「負面要素」，效果比較顯著。

除了範例所示範，分別在兩邊膝蓋設定正面與負面的心錨之外，還可以在左右手各做一個，或雙手合併一口氣啟動等。

摺疊心錨的要點，就是**強化正面的心錨，讓其可以充分克服負面的事**。

練習「摺疊心錨」的流程

用愉快的回憶消除不好的回憶。

❶決定對自己而言，屬於負面的記憶與情緒

【例】一想起就會讓自己感到不愉快的「不好的回憶」

☞

❷在進入負面事情（不好的回憶）狀態下，用左手碰觸左膝，設定心錨

☞

❸打破狀態後，再次啟動心錨，確定能夠喚醒這種感覺後，再次打破狀態

☞

❹在進入正面事情（愉快的回憶）狀態下，也就是充分強化的狀態下，用右手碰觸右膝，設定心錨

☞

❺打破狀態後，嘗試設定愉快回憶的心錨。確定能夠喚醒這種感覺後，再次打破狀態

❻同時啟動心錨。這時讓正面的心錨能夠稍微持久一點（約一秒），效果會更好

☞【例】順序為：碰觸右膝（＋）▼碰觸左膝（－）▼離開左膝（－）▼離開右膝（＋）

❼若進入很難想起負面要素的狀態，或是不愉快的回憶比較淡去的程度，就表示設定成功

☞【例】若很難想起不好的回憶，或不再被不愉快的情緒絆住，表示ＯＫ了

設定心錨的類型⑦

活用想像的摺疊心錨
～視覺心錨～

以想像中和，導引出第三種選擇

一如第231頁所述，「視覺心錨」是由「摺疊心錨」變化而來的。

相較於分別在兩邊設定「負面情緒」與「正面情緒」的心錨，再予以中和的「摺疊心錨」，「視覺心錨」則是配合視覺想像加以活用。

面對難以抉擇，糾葛不已的狀態，創造「第三想像」，開創新局。

練習「視覺心錨」的流程

這裡要介紹如何解決魚與熊掌不可兼得的難題，整合糾葛難解狀態的方法。

❶決定兩個完全不一樣的願望

【例】「想吃美食」與「想減肥」

☞

❷想像其中一個願望化成語言，放在手上

【例】說聲：「想吃美食」，想像它放在左手上

☞

❸然後想像手上這個願望要是實現的話，會是什麼樣的心情。也就是想像手上有越來越多正面意義

【例】「感覺好幸福」、「度過一段愉快時光」、「告訴別人這家店的東西有多美味」等，想像左手心上堆著越來越多好處。

☞

❹想像左手心上東西的視覺想像，譬如顏色、形狀等（其他感覺的想像也ＯＫ）。或是先想像東西的重量、溫暖和觸感等，由此激發視覺想像也行。

【例】是個發著黃光的金色球體，有著人體肌膚般的觸感，無聲。

☞

❺想像另一個願望化成語言，放在另一隻手上

【例】說聲：「我想減肥」，想像它放在右手心上

☞

❻重複③和④的步驟，將放在手上這個具有正面意味的東西，化成語言

【例】「變美麗」、「變健康」、「身體變得輕盈，身手也跟著靈活起來」等，想像右手上放著一個叫「好處」的東西。那是高約二十公分，水藍色的水晶角柱，觸感冰冰冷冷的。

☞

❼雙手緩緩地闔起，再緩緩地打開，孕育出新的想像，進而導引出新的解決辦法

【例】從孕育出的新印象導引出新的解決辦法：「少吃點美食，頂多吃個八分滿，加上適度的運動」。就算沒有聯想到解決辦法，潛意識也能接受答案，所以不用擔心。

瞬間變身理想的自我

讓自己瞬間進入理想狀態～閃變模式～

交換現在的自我與理想的自我

所謂「閃變模式」，就是將自己想拋開的行為、反應與情緒，和自己想要的理想狀態進行交換的技巧。

譬如興起「減肥」的念頭。這時達成目標的捷徑就是遠離會打擾這目標的行為，輸入能夠有效減肥的行為。

也就是說，改寫大腦裡的自我行為程式。

練習「閃變模式」的流程

這技巧有各種變化，介紹其中一種。

❶首先閉上眼，設定一個能引發眼前想拋開的行為、反應或情緒的扳機（特定狀況），想像這狀態五彩繽紛、又大又明亮①，與這狀況結合。然後給想像①裝框☜

❷接著在分離的狀態下，想像②自己想要的理想狀態和行為。然後縮小這想像②，暗暗地放在印象的①一角。☜

❸大喊：「swish！」的同時，交換這兩種想像。想像①又小又暗，。想像②又大又明亮。這時，印象②的大小會比先前裝框的想像①來得大☜

❹睜開眼，打破狀態，反覆練習約五次☜

「swish」就是揮鞭時發出的咻咻聲，當然也可以選用自己喜歡的發語詞。

客觀地觀察自己和對方

試著站在第三者的立場和觀點
～改變立場～

改善與對方關係的方法

N不知如何面對老是口出惡言的上司，工作也不順心。

善用「改變立場」（Position Change），不但能改善與對方的關係，工作起來也會更順利。

介紹其中一種方法。

這個方法是以自己、對方和善意的第三者為角色，藉由三人的互動，找出有利於自己未來行為的訣竅。

雖然這方法也適用於誘導伙伴，但這裡介紹的是一個人進行的方法。

練習「改變立場」的流程

❶準備兩張椅子，面對面放置。自己坐其中一張①，想像想要改善關係的對方坐在另一張②

【例】N坐在椅子①，想像愛發牢騷的上司坐在另一張椅子上②

❷想像對方就坐在那張椅子上，具體說出心中的煩惱以及想告訴對方的事。若能說出來效果會更好

【例】N詢問假想坐在椅子上的上司：「我不記得我有做錯什麼事，不明白你為何老愛對我發牢騷。因為你的這種態度讓我煩到連工作都做不好，究竟對我有什麼不滿呢？」

❸接下來換自己坐在對方的椅子上，（不管是姿勢、音調還是說話方式，完全進入對方的狀態），思考剛才的提問並說出來。這時一定要完全進入對方的狀態，將對方會想到的事化成語言。

「自己」站在第一立場，想和他溝通的對象是第二立場，第三立場則是扮演仲裁者的「第三者」，依序進入狀態，進行對話。

【例】N坐在椅子上，假想自己是上司，然後針對剛才的提問回答：「因為不少女性會找藉口逃避責任，所以儘管對妳有所期待，想幫妳加油打氣一番，但就是不知如何啟齒。」

❹打破狀態後，再坐回自己的椅子①，然後再次進入狀態，坐在對方的椅子上②，反覆地提問與回答

❺接著站在兩張椅子中間，充分進入一直在旁觀看一切的善意第三者（仲裁者），整理談話內容，並傳達建議

【例】N站在兩張椅子中間，整理自己與上司的意見，然後對自己說：「上司不是因為討厭妳，對你發牢騷，而是對妳有所期待」，自然地將這樣的訊息傳遞給假想

Column

迪士尼策略

　　這是面對一個問題時，能從三種不同的立場提出意見，找出解決方法的技巧。因為華特・迪士尼曾實際運用過這方法，因此又稱為「迪士尼策略」。所謂三種立場就是：「夢想家」（dreamer）、「現實主義者」（realist）和「批判者」（critic）。藉由傾聽這三種立場的意見，落實內容，決定計畫方針。

【夢想家】夢想著「想做這」、「想做那」的立場。

【現實主義者】思考如何具體實現夢想的立場。

【批判者】客觀看待事物全貌的立場。

坐在椅子上①的自己

❻打破狀態，最後坐回自己的椅子①，確認自己的心情起了什麼樣的變化。若還有想詢問的事，反覆做這種練習即可。

【例】聽到上司和第三者的意見後，**N**坐回自己的位子①，說出自己心情上的變化：「知道他不是因為討厭我，才對我發牢騷，這才鬆了口氣。而且明白他對我有所期待，真的很開心。」

進行這項練習的要點，就是當你坐在椅子②上，和站在第三者的立場時，一定要完全成為對方**（進入狀態）**，想像對方真的坐在那裡。

雖然這方法有些不可思議，但只要充分進入狀態，成為對方，不但能夠豁然開朗，甚至還能收到什麼很棒的點子或訊息。

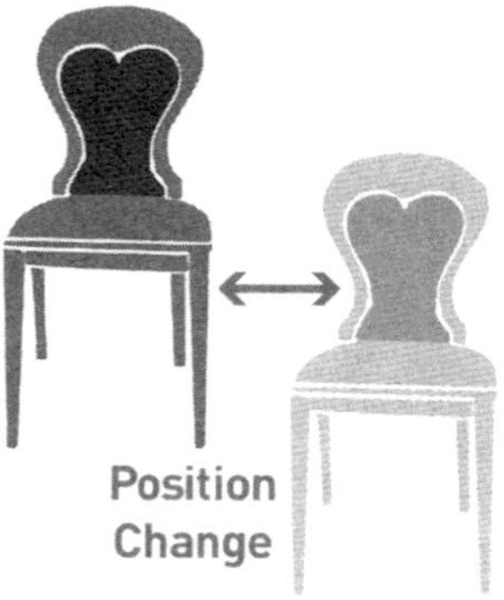

活用改變立場

和自己身體某部位對話的方法

與一部分的自己對話的方法

「改變立場」的對象，不一定是人，也可以和自己身體某部位對話。不過面對這個形體不明的東西，必須運用想像力（感受）將這部位（part）取出。

活用這方法，便能找出自己為何無法戒掉某些行為與習慣的原因，理解這種行為與習慣的正面意圖。

這方法運用在第248頁所介紹的「六階段換框法」也很有效，不過這裡先從與自我的一部分對話開始練習吧。

練習與身體某部位對話的流程

就拿一時克制不住，吃太多甜食，與自己的肚子對話為例吧。

❶準備兩張椅子，面對面擺置，自己選擇坐在其中一張上。試著尋找能夠感受到這股克制不住的衝動的部位

【例】自己坐在其中一張椅子上，尋找這股衝動是來自身體哪個部位。就算不是直接相關的臟器也無所謂，只要是自己感受到的部位都ＯＫ。假設這例子的部位是肚子。

☞

❷想像那個部位被取出來，然後描述它的大小、形狀、顏色和觸感等，並加上暱稱

【例】想像從肚子取出想與其對話的某部位。取出的部位約橄欖球大小，顏色是黃色，具有彈性，而且沉甸甸的，給它取名「小肚」。

☞

❸將取出來的部位放在對面的椅子上，開始詢問

【例】將取出來的部位放在另一張椅子上，然後試著問：「喂，小肚。你明明知道吃太多甜食對身體不好，為何這麼做呢？」

☞

❹接下來進入被取出來的部位的狀態，坐在放置部位的椅子上，針對剛才的提問陳述意見

【例】坐在另一張椅子上，進入小肚的狀態，回道：「因為最近很忙，情緒難免焦躁嘛！不過吃甜食的時候，感覺好幸福哦……至少稍微提振了點精神。」

☞

❺再次打破狀態，坐回自己的位子，陳述自己的感想

【例】坐回自己的位子，說出自己的感想：「吃點甜食的確能安撫心緒，實在沒辦法都不碰，不過別吃太多就是了。」這麼想就ＯＫ了。

傾聽內心的聲音

傾聽批判自我的聲音點

～批判聲～

傾聽批判聲的方法

「就是因為不夠認真才會失敗」、「我是個沒用的傢伙」，遭逢失敗時，難免會這麼責備自己。比起追究誰的過失，也許來自內心的批判聲更大也說不定，以致於喪失自信，感到沮喪不已。

這時最適合的方法就是稱為「**批判聲**」（Critical Voice）的NLP技巧。

藉由變成卡通人物的聲音，改變聽覺的次感元，想像這個「批判聲」變小。藉由這個方法，讓自己勇於面對批判聲，不再感到恐懼，接受對自己有利的建言。其實很多時候，批判聲具有保護自我的肯定意圖。

練習面對「批判聲」的流程

❶閉上眼，傾聽批判自己的聲音從何而來，有多大聲，又是說些什麼（想像）

【例】聽到從自己的右斜後方傳來自己的囁語聲：「你就是太縱容自己，才會失敗」。

❷讓批判聲的音量變小，聽起來像從遠處傳來

【例】試著讓發出聲音的地方離自己遠一點，音量調小一點。

❸然後改變音色，像是變成卡通人物或是機器人的聲音

【例】變成機器人說話的方式。

❹若能透過變聲後說出的話語，舒緩沮喪的心情，並接受對自己有力的建言，就表示成功了。

【例】藉由想像聽見機器人站在離自己有段距離的地方，責備自己的聲音，改變初次聽聞時的印象，坦率地接受對自己有利的建言。

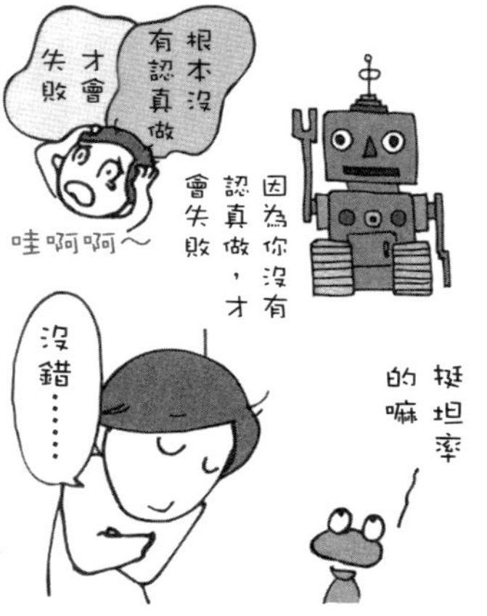

懷著感謝的心揮別壞習慣

懷著感謝的心揮別想克服的行為與習慣

～六階段換框法～

改善壞習慣的方法

每個人或多或少都有一些特殊的行為與習慣。不管是個人覺得很好的習慣，還是一直企圖克服的習慣，在NLP中，這些行為、習慣或症狀都具有「肯定的意圖」。

因此不是強硬地改變這些習慣，而是保留「肯定的意圖」，用其他方法彌補。

這技巧一共有六個步驟，稱為「**六階段換框法**」或是「**六步驟換框法**」。雖然這技巧在NLP中不太被提及，也很少使用，但對於瞭解引起行為、習慣、症狀部位（part）與「肯定的意圖」的關係，有著莫大助益。

練習「六階段換框法」的流程

以面對女性，會緊張到說不出話來的男性為例。

❶鎖定一個自己想克服的行為、習慣、症狀或毛病

【例】P面對女性，總是緊張地說不出話來

☟

❷找尋引發想克服的行為、習慣、症狀和毛病的部位，試著和其溝通。若能順利溝通，必須表達感謝的心。若實在感受不到的話，想辦法尋找身體哪個部位最能感受到想克服的行為、習慣、症狀和毛病，一旦鎖定部位，便能順利進行。

【例】因為P一直搞不清楚是哪個部位，於是他試著尋找自己面對女性時，身體感到最緊張的部位，結果發現是「胸口一帶」，於是他試著與這「部位」（part）溝通。若這部位答應溝通，記得要表達謝意。

☟

❸向這部位詢問一心想克服的行為、習慣、症狀和毛病有何「肯定的意圖」。瞭解「肯定的意圖」後，要向這部位再次表達謝意

【例】P問這部位：「我每次面對女性都緊張得說不出話來，這有何肯定的意圖嗎？」，於是這部位回道：「因為你太興奮，想在女性面前呈現自己最完美的一面」。聽到這樣回答的P，明白這部位想守護自己的心意，向其表達感謝之意。

☟

❹接著針對部位回應的答案，在心裡思考三個以上能夠滿足、回應這般肯定意圖的部位

【例】P思考一會兒後，想出三種點子：「就算不主動攀談，也可以用點頭或應和的方式回應」、「看著對方，試著露出笑容」、「先試著和公司後輩女性攀談」。

❺確認部位是否能接受剛才想出的三種點子（藉由創造新的方法，看看是否能夠取代想克服的毛病和行動）

【例】向「部位」依序確認是否能夠接受這三種點子。若有沒辦法接受的點子，就必須想出其他點子，直到部位能夠接受為止。

❻確認除了這個「部位」之外，其他部位以及周遭人、環境等是否都能夠接受、瞭解（＝生態確認〔ecological check〕）

【例】也要確認身體其他部位、周遭環境和人，是否也能接受這三種點子。若都能瞭解的話，表示成功。要是有什麼問題的話，必須提出新的點子改善。如此一來，P總算解決所有問題。

雖然「六階段換框法」到此告一段落，但如果可以的話，最好想像之後自己再面臨這種情況時，會採取什麼樣的行動，以及如何因應。

這步驟稱為「**模擬未來**」。藉由模擬未來，透過五感進行體驗。這麼一來，今後就算面臨同樣狀況也能順利因應。

於是P想像自己面對女性時的情況。

體驗自己面對這樣的狀況時，會如何因應，搞不好能和女性談笑風生呢。

像這樣能夠想像自己順利因應的狀況，便表示成功了。

通往成功的策略

設定目標，訂立計畫～策略～

如何訂立策略，朝目標邁進

假設你是個「老是睡過頭，上班、上學遲到的人」。雖然你的大腦裡植入「因為睡過頭所以遲到」這樣的程式，但你覺得這樣下去不是辦法。

介紹一個教你如何改變行為模式（程式），安裝新程式的方法。

這方法稱為「**策略**」。

所謂策略就是在腦子裡安裝如何行動、演練戰略，達到目標的程式。

具體而言，就是以視覺（V）、聽覺（A）、身體感覺（K）和一般行為模式（U）審視自己不理想的行為模式。

然後分析是從外在引起（e），還是發自內在（i）。所謂「e」是指「external」（外在），「i」是指 internal（內在）的意思。

然後將現在的行為與情緒重組成理想的程式。

練習「策略」的流程

❶將日常反覆的行為模式標上▼記號，分別標示VAK，然後在右上方標記外在引發的（e）或是內在引發的（i）。

【例】鬧鐘響（A^e）▼瞄一眼時鐘（V^e）▼非起床不可（A^i）▼可是被窩真的好舒服（K^i）▼再賴一下床應該沒關係吧（A^i）▼瞄一眼時鐘（V^e）▼沒時間吃飯（A^i）▼勉強起床（K^e）▼準備衝刺（K^e）▼果然還是遲到（A^i）

❷為了改變負面行為和感覺，重整策略。這時一定要使用所有的VAK

【例】訂立從鬧鐘響起，到從容走出家門的策略。鬧鐘響起（A^e）▼瞄一眼時鐘（V^e）▼伸懶腰（K^e）▼想像神清氣爽地開始工作的樣子（V^i）▼大喊：「今天也是充滿幹勁的一天！」（A^e）▼洗把臉提振精神（K^i）▼煮杯咖啡（U）▼飄散一股香味（K^e）▼思考今天的工作流程（K^i）▼想像工作中的樣子（V^i）▼從容地步出家門（U）

像這樣將一連串流程安裝在大腦裡，就是訂立邁向目標的策略。

設定時間軸

以現在的自己為中心，設定過去與未來

～時間軸～

大腦有所謂的時間軸

操控自己的時間，描繪理想的現在到未來，這樣的技巧稱為「時間軸」（time line）。

所謂「time line」，就是大腦所有的時間軸。我們的腦中記憶著過去、現在與未來，而且可以自由來去。

腦中沒有時間限制。也許有人無法理解何謂「未來的記憶」。時間軸不但可以前往未來，也能看到從未來到現在的時間，所以稱為未來的記憶。

每個人都擁有屬於自己的時間軸。試著想像昨天早上在哪裡，感覺到什麼，或是三天前的早上、一個月前的早上，甚至是半年前的早上……，用一條線串連起來。

面對未來也是一樣的。這就是每個人所擁有的「時間軸」。

何謂「時間內」

每個人的時間軸所伸展的方向都不一樣，或許有些人的時間軸有時會呈漩渦狀。

在NLP中，有兩種設定時間軸的方式，可以重新設定自己的時間軸。

一個是進入時間軸，整合自己的時間軸，稱為「時間內」(in time)。

所謂時間內，就是想像現在是在瞳孔的後方，然後正前方稍微高一點的位置接續著未來。也就是將時間軸設定成：人都是望向未來而活。

至於過去，則是在距離後腦勺二．五公分的地方，往斜後方伸展。

然後在結合的狀態下，從過去帶些打破現狀所需的必要資源回到現在，也能從未來的自己發送訊息給現在的自己。

環視時間軸

另一個方式則是讓時間軸朝自己前面的空間伸展出去，感覺像在看歷史年表。

自己處於抽離狀態，大部分左側是過去，正中央是現在，右側是未來，這樣的時間軸稱為「內時間軸」(through time)。

為了能一次環視過去、未來和現在，不妨用這方法做好自己的時間管理和自我人生規劃。

時常體驗當時的「現在」

靈活運用「時間內」與「內時間軸」這兩種時間軸，可說是好處多多。

而且在時間軸中，不管是自我進行，還是誘導別人時，都會有東西停留在心中。那就是回到過去時，那段過往的時間成了「現在」。同樣地，移動至未來時，未來的時間也成了「現在」。

也就是說，不管是前往過去還是未來，都會經驗所謂「**那時的現在**」。

因此誘導對方時，若是處在未來的話，不是問對方：「現在是幾年後？」而是問：「現在是西元幾年？」；要是處在過去的話，則是問：「你現在幾歲？」

練習「時間軸」的流程

其實坐著也能練習「時間軸」。

不過這裡要介紹更能實際感受時間軸，實際遊走於時間軸的方法。舉例說明，N進公司已經五年了，倒也不是對現況感到不滿，但對於未來感到茫然，也有點想換工作的他，著實陷入進退維谷的狀態。

❶面朝正前方起身。想像整個人完全進入時間軸狀態，設定目前站的地方是「現在」，前方是「未來」，後面是「過去」

☜

❷為了回到過去帶回對現在的自己而言，不可或缺的資源，請往後退（退一步或退好幾步都可以，一切交由潛意識判斷，退到認為OK為止。要是空間沒那麼寬敞的話，事先設定退一步便能回到過去也無所謂），後退後，切實感受那時的體驗、情景、聲音和味道等，然後設定心錨

【例】N從現在站的位置往後退一步，回到剛進公司，一切都還在摸索，在前輩的帶領下，逐漸對自己的工作產生興趣的時候。然後切實地進入那時的狀態，設定隨時都能感受那時那股衝勁的心錨。

☜

❸往前走，回到自己現在的位置

☜

❹然後往前走到未來理想自我的位置（也是交由潛意識判斷，當然預先設定也OK），用五感充分感受那時的情景和感覺。然後轉身面朝後，出聲鼓勵現在的自己，或給予建議

【例】N從現在的位置往前走一步，鼓勵自己要更認真地看待工作，還看到嚴格督促自己的上司，以及努力地給自己加油打氣的後輩站在一旁。感受到職場的活力，也聽得到電話應答

聲。已經明白自己該怎麼做的N，向右轉，給現在的自己一個確實的建議。

❺再一次面朝前，往後退到自己現在的位置。然後將從過去帶來的資源、在未來的體驗，還有來自未來的訊息等，全都輸進現在的自己。將這時體驗到的內容和訊息記錄下來，效果更顯著。

【例】N心中留著從過去帶來的幹勁與未來的體驗，將此全部吸收，然後精神百倍地工作。

改變從過往一直影響到現在的想法

不管是誰，多少都有段令自己始終耿耿於懷，到現在還懊悔不已的體驗或回憶。

利用「時間軸」回到當時的體驗，改寫過去，便能發現當時沒有察覺到的肯定意味。

練習改寫過去的「時間軸」方法

N有位學生時代就認識的朋友，兩人因為工作上的事發生口角，結果誰也拉不下臉，從此不再來往。N一直對這件事耿耿於懷。

就以此例說明如何改寫過去的方法吧。

❶參考第256頁，想像時間軸。

☞

❷從現在的位置往後走，走到想回到過去之事的地方，然後進入想改寫的體驗的狀態

【例】從現在的位置往後退，回到與朋友發生爭執的體驗，然後進入那時體驗的狀況與情緒。

☞

❸往旁邊走一步，以旁觀者立場看待這情況，時間軸從結合狀態變成分離狀態

【例】N往時間軸的左邊（或是右邊）跨一步，客觀地看待爭吵的情況，然後觀察該採取什麼樣的行動。

☞

❹接著再回到時間軸中央，回到離想改寫的事情稍微前面一點的位置，邊想像自己該採取什麼妥善的行動，邊往前走

【例】N回到與朋友發生爭執前的時間軸。邊留意別說出會引發誤會的話語，邊體驗兩人在一起的融洽狀況。N改寫過去，往前走回現在的位置，頓覺豁然開朗。

☜

❺最後確認改寫的過去與現在。必要的話，連同未來遇到同樣狀況時，會採取的行動也一併確認吧。

體驗未來

想像未來的自己會採取什麼樣的行動
～模擬未來～

回到未來的時間之旅

到此為止，介紹了各種NLP的技巧。有些技巧能讓你蛻變成理想的自我，幫助你早日實現夢想，有些則是當你困惑時，能瞬間助你一臂之力的技巧。

使用過這些技巧後，還有一招必學的技巧，那就是「**模擬未來**」。

所謂模擬未來，便是活用技巧，想像自己將來遇到同樣狀況時，會採取什麼樣的行動。

模擬未來可以比現實早一步品嘗那種體驗。藉由在想像中不斷地排練，將來遭遇這般狀況時，便能從容地應付。

而且對未來有著具體的掌握，表示能更迅速地趨近理想的未來。

練習「模擬未來」的流程

❶運用過像是模仿、設定心錨和改變次感元等NLP的技巧後，現在要進行的是，確認未來的自己面對某種狀況時，會採取什麼樣的行動。然後使用VAK充分感受在成功體驗中所看到、感覺到的東西。閉上眼也許更容易想像。

【例1】P小姐使用某種NLP技巧，想像將來自己會談一場美好的戀愛。於是她用「模擬未來」體驗將來的事。她聽到大家的祝賀聲和歡笑聲，還看到朋友們那燭光映照下的笑臉，內心湧起一股無比的喜悅與幸福感。成了主角的P小姐，感受到自己沐浴在眾人祝福聲中。

【例2】L每次開會報告時，總是低著頭，講話很小聲，一副缺乏自信的樣子。然而學會了NLP的技巧後，讓他多了分自信。明天又有一場會議要報告，於是L使用了「模擬未來」這技巧。他感受到開會時的氣氛，也看到上司和同事們的表情，甚至還聽到翻閱文件的聲音。於是L作了個深呼吸，自信滿滿地進行報告，只見原本臭著一張臉的上司，竟然露出聽得津津有味的表情。L的臉頰越來越漲紅，顯得十分亢奮。當他結束報告，深嘆一口氣時，頓時響起一陣如雷掌聲。藉由「模擬未來」，下次企劃報告一定也會很順利。

驅動無意識

從現實抽離，發現自己的資源 ～催眠誘導～

何謂「催眠誘導」？

第六章介紹過米爾頓博士利用「米爾頓模式」進行催眠誘導，激勵求詢者的心，幫助對方找回真正的自己。

進入催眠狀態一事稱為「恍惚狀態」。這種體驗因人而異，但還是有個共通點，那就是在無意識狀態下，比較容易發現解決問題與束縛的機會和線索。

當然實際體驗過催眠一事最好，接下來要介紹的是，在NLP中一項不可或缺的技巧，那就是如何誘導進入「恍惚狀態」的方法。恍惚狀態絕對不是在心理治療師的影響下，所產生的一種狀態。「催眠誘導」是藉由激發當事者的無意識，讓他發現心中真正的想法，以去除束縛的方法。

「催眠誘導」的種類

基本上是一位誘導者搭配一位求詢者，不過也有兩位誘導者搭配一位求詢者的例子，稱為「雙重誘導」（Double Induction）。當然也有搭配三位以上誘導者的例子。

兩人以上的誘導方式，能讓求詢者更順利進入狀況。進行雙重誘導時，一個人負責誘導，另一個人用隱喻（譬喻）等方式增加求詢者的資源。

練習「催眠誘導」的流程

以下介紹的只是個範例，當然不只這個方法。至於語言的表達方式請參考第六章「米爾頓模式」。催眠誘導必須具有一定程度的經驗與實習，實際體驗的效果還是比較好。

❶指示求詢者閉上眼。求詢者或座或躺都可以

❷跟隨外在的現實狀況，導引內在發生的狀況。外在有三個．內在有一個↓外在有兩個．內在有兩個，像這樣慢慢地導引內在，增加內容

【例】外在的跟隨：你坐在椅子上／聽得見空調的聲音

內在的導引：也許會意識到呼吸聲／從心放鬆

❸度測進入狀態，對求詢者說些鼓勵的話語

【例】你已經拿到對自己而言最重要的東西／你擁有很多資源

❹誘導對方慢慢地回到現實世界。這時外在一個．內在三個↓外在兩個．內在兩個，向這樣逐漸增加外在的比率，然後讓對方完全醒過來

消除「恐懼症」

消除「恐懼症」的方法

在NLP中，提振精神，找回活力的最佳方法，就是「消除恐懼症」。

所謂恐懼症，就是對特定物體和狀況，感到極度恐懼。好比在某個場合遇見讓自己想起不愉快回憶的人，但恐懼症和這種感覺不一樣，往往會伴隨著讓自己感到害怕心痛的影像，喚醒過往的體驗和情緒。換句話說，就是設定強烈負面心錨的狀態。

NLP的創始人理查·班德勒博士發表了一種只要十分鐘，便能消除長期困擾自我的恐懼症，找回充滿活力之心的方法。

這方法就是藉由大腦迅速傳送情報，活用學習這項特徵，腦中邊映著想像的影像，邊將其轉成黑白影像，然後倒帶快轉。

不過使用這技巧必須要有充分的練習和專注力，而且一定要使用正確的語言，因此建議還是參加講座，累積經驗比較好。

練習「消除恐懼症」的流程

這方法最好是在伙伴（如果可以的話，最好是NLP的執行師）的誘導下進行。雖然有很多種方式，不過這裡只介紹順序和要點。

以前進行這項心理療法時，會要求求詢者睜著眼睛，現在倒不會這麼硬性要求了。

❶幫求詢者設定一個安心的心錨。確認求詢者能夠自我控制要放映出來的畫面

☞

❷求詢者想像自己坐在放映室，看著坐在觀眾席上看電影的自己（雙重客觀＝分離）

☞

❸求詢者將實際發生的恐怖體驗，從事情發生的稍早之前，到事情結束，進入安全狀態為止，想像成一段黑白影片投射在螢幕上

☞

❹求詢者與電影中的自己結合，然後將放映完畢的影片，從最後一幕以彩色、高速倒帶的方式倒回最開頭的地方（譬如以三倍速）

☞

❺一直重複練習，直到確認求詢者沒問題為止

何謂 NLPer ?

「NLPer」活躍的領域

「NLPer」的活躍領域

實踐NLP的人，稱為「NLPer」。

活躍的領域以商場、教育、醫療、心理、心理治療、藝術等為主，擁有卓越溝通能力與想像訓練的「NLPer」，活躍的領域十分廣泛。

目前全日本各地都有開設與NLP相關的講座。也被應用於體驗營和職場心理治療等方面，還有以取得NLP認證資格為目的的課程。

雖然取得認證資格與實踐NLP是兩回事，但參加相關講座，接受NLP執行師的教導，的確是條學習NLP的捷徑。

活用NLP能夠實現的事

- 促進夫妻、情人、朋友、同事、上司下屬等的關係更和諧，加深對彼此的了解
- 能夠很快地和初次見面的人建立信賴關係
- 提升自我的溝通能力
- 訂立明確的目標，早日實現
- 藉由談話，幫助他人察覺內心真正的想法
- 克服棘手的事物
- 安定因為恐懼而感到不安的情緒
- 能夠活用各種資源，強化各種資源
- 解決惱人的煩惱
- 提升自己的企劃能力與銷售實力

若想取得ＮＬＰ執行師的認證資格，必須參加協會認可的課程。請務必尋找適合自己的課程，確認清楚各種授課事項。

將ＮＬＰ應用於「日常生活」

其實日常生活才是「ＮＬＰｅｒ」最根本的活躍領域。

「身心疲乏時」、「提不起勁時」、「身邊的親朋好友感到煩惱、痛苦時」，不管是誰，無論何時何地都能積極地活用ＮＬＰ。

只要逐步實踐ＮＬＰ，便能發現自己更多的優點。

也能發現這些都是自己的天賦資質。

藉由去除限制自我的束縛，找回原來的自己。

畢竟ＮＬＰ只是項工具。

真正最美好的就是「你自己」。

使用NLP吧！
太好了，湧起興奮的感覺呢！
你既活潑又有魅力！
我很男孩子氣概嗎？
度測……

NLP術語一覽表

＊依中文筆劃次序排列

As If Frame

假想某件事發生的意思。以此克服心理障礙，激發更理想的解決辦法，達成期望的結果。具體的提問方式為：「如果～的話，覺得如何？」

NLP（Neuro-linguistic Programming）

分別取「Neuro-linguistic Programming」的第一個字母的簡稱，中譯「神經語言程式學」。理查・班德勒與約翰・葛瑞德依循以「神經」（大腦）與「語言」交互作用來決定行動的理論為基礎，於一九七〇年將其系統化。他們研究發明完形療法的福律茲・培爾斯，主張家族療法的維吉尼亞・沙蒂雅，以及推行催眠療法的米爾頓・艾瑞克森的表達方式，發明了這套模式。

TOTE模式（TOTE model）

「Test（檢測）→Operate（實行）→Test（檢測）→Exit（達成目標脫離）」的簡稱。以米拉、凱朗達和普利布拉姆三人所提倡的概念為基礎，用於導引所有行為的基本回應模式。

Yes Set

藉由不斷提問對方一定會回答「Ｙｅｓ」的問題，慢慢地導引至其他方向的表現方法。一種讓對方不斷回答：「Ｙｅｓ」，以致於很難說：「ＮＯ」的溝通手法。

一般化（Generalization）

將特定的一部分經驗也視為一般經驗來處理的過程。

五感（Five Senses）

指視覺、聽覺、身體感覺、嗅覺和味覺。

內容換框法（Content Reframing）

在狀況維持原樣的情況下，用別的肯定意味改變行為的內容。

分離（Dissociation）

譬如喚醒記憶時，以旁觀者身分眺望的狀態。也就是當事者不太能體會當時的感覺，有種像在看自己演出的影像。↓參考結合

心錨（Anchor）

藉由「五感接收特定訊息和行為」引發「某種特定行為和記憶，或是情緒與衝動」的一種條件反射。心錨可以自然發生，也可以下意識地設定。譬如內心提醒注意的警鐘響起，或是在特地場合所說的話等都是。

打破狀態（Break State）

從進入狀態回到平常的自我感覺。藉以促發不同的思考層面，改變身體的姿勢。↓參考進入狀態

生態確認（Ecological Check）

所謂生態，不是只考慮一個獨立的行為・部位和人，而是考慮更大系統的改變所帶來的影響。生態確認就是確認究竟會帶給每個部分與周遭環境和人們何種影響。一旦有不適合的情況發生，就必須想出其他因應對策。

回應（Feedback）

發生什麼事時，加以分析，找出需要改善的地方。

次感元（Submodalities）

表象系統中，十分細部的副次要要素。視覺的次感元有：顏色、形狀、動作、明亮度、距離等。聽覺的次感元有：音量、音程、節奏等。感覺的次感元有：壓力、溫度、觸感、味道等。

米爾頓模式（Milton-Model）

使用間接的表現，連結對方的無意識資源，構築有用的新觀念的模式。模仿催眠大師米爾頓的語言表達方式。

刪除（Deletion）

從經驗化成語言時，只擷取部分情報的過程。

扭曲（Distortion）

因為偏見而扭曲情報的意思。

批判聲（Critical Voice）

內心批判自我的聲音。藉由改變這聲音的次感元，找尋行為的肯定意圖的技巧。

改變立場（Position Change）

進入自己以外的立場，眺望自己的技巧。進入狀態的對象不管是誰都行，體內任何部位都行。

良好的關係（Rapport）

人際關係處於信賴、諧和、合作無間的狀態。

身心資源狀態心錨（Resource Anchor）

能夠瞬間喚出必要資源的基本設定心錨技巧。

身體感覺（Kinesthetic）

用身體來感覺，分為以下類別。【觸覺】用身體感覺外在世界【體內感覺】像是肌肉緊張或鬆弛等，都屬於體內感覺【meta感覺】面對某個對象、狀況和體驗的情緒反應。在NLP中，舉凡觸感、臟器感覺、感情、情緒等，都屬與身體感覺，以（K）表示。也有包括嗅覺（O）和味覺（G）的情況。

味覺（Gustatory）

五感之一，感受味道的感覺，以（G）表示。

狀況換框法（Context Reframing）

藉由將有問題的反應和行為置於另一個狀況中，導引出有用的新解讀。

狀態（State）

在NLP中，選擇進入特定感覺狀態的技巧。體驗某種情況的狀態。

空間心錨（Spacial Anchor）

在某個空間設定心錨。以導引自己和對方，甚至是聽眾進入某種特定狀態為目的。

表象系統（Representational System）

五感，包括視覺、聽覺、身體感覺、嗅覺和味覺。依序以VAKOG表示。嗅覺與味覺涵蓋於身體感覺中，多以VAK表示。

非語言（Non-Verbal）

語言以外的情報，包括音調和表情等行為的類比要素。

信念、觀念（Beliefs）

依據程序被強化的「深信」。有的有助益，有的沒有。

前提（Presupposition）

NLP基本的思考模式和哲學。

度測（Calibration）

從語言和非語言的要素觀察對方，譬如觀察對方的身體姿勢、視線、呼吸、血色、音調等。藉由度測更瞭解對方的狀態，溝通起來更順利。

後設程式（Meta Program）

分類自己的體驗，決定方向，決定是否將對象和狀況予以概括化的優秀程式。

後設模式（Meta-model）

將刪除、扭曲、一般化事實後的情報，重新構築的語言類型。然後再依後設模式還原被刪除、模糊化的情報。藉由「後設模式」可以具體化、明確化對方發言的內容，也能拓展被僵化的限制和信念。是NLP最早開發的模式。

恍惚狀態（Trance）

催眠意識狀態。雖然恍惚體驗因人而異，但在意識不會被騷擾的狀況下，比較能夠以無意識找出解決問題和束縛的機會與線索。

映現（Mirroring）

像照鏡子似的配合對方的一舉一動。

為了達到理想狀態的最完整條件（Wellformedness Conditions for Desired States）

滿足理想目標的所有條件。以下列舉五項：1.肯定的表現／2.可以控制自我達成目標／3.使用五感明確訂出（想像）理想目標的狀態／4.保持現況的所有積極要素（隱藏得益）／5.外部環境（ecology）也適用。

重疊心錨（Stacking Anchors）

有好幾個一樣，或是資源不一樣的心錨，在同一處地方累積，又稱為「累積心錨」。可以設定出效果強烈的心錨。

時間軸（Timeline）

大腦擁有過去、現在和未來的時間軸。在時間軸中，有自己和時間軸結合的「時間內」，與抽離的「內時間軸」。

消除恐懼症（Phobia Cure）

所謂恐懼症，是指對某特定事物和狀況，設定強烈負面心錨的狀態。也是NLP用於治療時，十分有效的一種技巧。主要是以迅速倒帶等方式處理看到的影像。

神經語言程式學（Neuro-Linguistic Programming）

↓參考NLP。

配合（Maching）

配合對方的姿勢、動作、表象系統、音調、旋律、語言的表達、談話的內容、表情和呼吸等。

閃變模式（Swish Pattern）

利用次感元，讓大腦朝向新方向的過程。能夠有效地將不好的習慣和行為，改變為較具建設性的行為。

將對象和狀況予以概括化（Chunking）

所謂「chunk」就是「將對象和狀況予以概括化」的意思。為了能夠綜觀事物全貌而予以一般化、模糊化，稱為「上推」。相反地，縮小區分範圍、情報變得明確具體化，稱為「下切」。此外，還有以同樣水平看待其他例子的「平行」。

眼睛解讀線索（Eye Accessing Cues）

↓參考視線解析

設定心錨（Anchoring）

連結外在刺激與內在反應的作業。

通用字彙（Universal Word）

也稱為「一般語言」。無關乎優勢表象系統，傾聽者依個人的體驗和感覺來解釋、想像的語言。

連動心錨（Chaining Anchors）

連結好幾個心錨，藉由連續啟動，一口氣達到理想狀態。

部位（Parts）

引發一個人內在的行為與情緒的特定部位。

換框法（Reframing）

藉由改變捕捉特定事物或行為的方法，引起不一樣反應的過程。大略分為狀況換框法和內容換框法。

策略（Strategy）

亦稱為「戰略」。為了達成目標所實行的一連串富有精神性、積極性的步驟。在NLP中，是個為了達到理想狀態的程式。

結合（Associated）

自我完全進入某種體驗和記憶中，也就是主觀的體驗狀態（同一性）↓參考**分離**（dissociation）

視線解析（Eye Accessing Cues）

與表象系統有關的一種眼睛的動作。一般右撇子的情形是：視線往左上方表示視覺的記憶，往右上表示視覺的創造，往左邊表示聽覺的記憶，往右邊表示聽覺的創造，往左下方表示與內心對話，往右下方表示處於身體感覺狀態中。

視覺（Visual）

五感之一。看東西的感覺，以（V）表示。

視覺心錨（Visual Squash）

由摺疊心錨變化而來的。以視覺想像整合兩種不同的情緒與行為，導引、中和第三種選項的技巧。

進入狀態（Instate）

五感全都進入某種狀態。↓參考**打破狀態**

催眠誘導（Hypnosis Induction）

一種導引進入「恍惚狀態」這種催眠意識狀態的方法。因為處於恍惚狀態中，無意識比較容易顯現，而且也比較容易傳遞讓對方進入更好狀態的訊息。在NLP中，是聚焦於米爾頓・艾瑞克森的「艾瑞克森催眠」。

嗅覺（Olfactory）

五感之一，聞味道的感覺，也是一種身體感覺，簡稱為（O）。

滑動心錨（Sliding Anchor）

藉由滑動心錨的位置，改變感覺和體驗的次感元。滑動時，發出聲音效果會更好。

資源（Resources）

像是生理反應、狀態、想法、策略、經驗、人、體驗和所有物等，有助於得到結果的所有資質。

跟隨（Pacing）

為了迅速建立良好的關係，傾聽者配合說話者的行為要素（語言、非語言、行為），藉由跟隨一事進行導引。

違反後設模式（Reverse Meta model）
和十二種後設模式類型相反，使用米爾頓模式來表現的方式。1.單純刪除／2.比較刪除／3.主詞模糊化／4.不特定動詞／5.名詞化／6.因果關係／7.複合性相等／8.臆測／9.判斷／10.概括性字眼／11.必然性／可能性的語態操作／12.前提。

摺疊心錨（Collapsing Anchors）
又稱為「壓縮心錨」或「中和心錨」。同時啟動兩種不一樣的心錨，組合兩種內在經驗感覺的心錨。

模仿（Modeling）
觀察他人的成功模式與行為，嘗試仿效其過程的方法。在NLP中，以此分析一個人的行為、生理反應、觀念、價值觀、內在狀態與策略等。

模擬未來（Future-pace）
也稱為「跟隨未來」。將來又面臨到同樣狀況時，會採取什麼樣的行動，也就是與未來自我的意識結合。

複誦（Backtrack）
出聲複誦對方丟出來的情報，整理歸納後像鸚鵡學語般回覆。通常用於建立、重建或改善良好的關係。

導引（Leading）
邊維持良好關係，邊導引對方往特定的理想方向。和「跟隨」一樣，導引也是NLP的基本要素。

優勢表象系統（Prefferred System）
優先利用某些感覺（譬如視覺、聽覺和身體感覺）來處理、系統化自己的體驗。

隱藏得益（Secondary Gain）

存在於乍看之下應該是否定的（或是問題）行為與狀況中的「肯定意味」。

類比記號（Analog Marking）

利用非語言的要素，強調特定語言的方法。譬如聲音變大、比手畫腳等。其他像是音調、節奏、肢體語言等都是。

聽覺（Auditory）

五感之一，聽聲音的感覺，以（A）表示。

NLP心理溝通術
——激發自我、完美溝通、成就未來
手にとるようにNLPがわかる本

初版原書名：《NLP超強溝通術——激發自我、完美溝通、成就未來》

作　　者——加藤聖龍
譯　　者——楊明綺
封面設計——萬勝安
責任編輯——劉文駿
行銷業務——王綬晨、邱紹溢
行銷企劃——曾志傑
副總編輯——張海靜
總 編 輯——王思迅
發 行 人——蘇拾平
出　　版——如果出版
發　　行——大雁出版基地
地　　址——台北市松山區復興北路333號11樓之4
電　　話——（02）2718-2001
傳　　真——（02）2718-1258
讀者傳真服務—（02）2718-1258
讀者服務E-mail— andbooks@andbooks.com.tw
劃撥帳號 19983379
戶　　名 大雁文化事業股份有限公司
出版日期 2021年1月 再版
定　　價 350元
ISBN 978-957-8567-79-5

國家圖書館出版品預行編目資料

NLP心理溝通術：激發自我、完美溝通、成就未來／加藤聖龍著；楊明綺譯. – 再版. – 臺北市：如果出版：大雁出版基地發行, 2021. 01
面；公分
譯自：手にとるようにNLPがわかる本
ISBN 978-957-8567-79-5（平裝）

1. 溝通 2. 傳播心理學 3. 神經語言學 4. 自我實現

177.1　　109021629

如果